Auxiliares Invisíveis

Charles W. Leadbeater

Auxiliares Invisíveis

Edição Ampliada

Título do original em inglês
Invisible Helpers

The Theosophical Publishing House
Adyar, Chennai, Índia, 1928

Direitos Reservados à
EDITORA TEOSÓFICA
SIG Quadra 6, Nº 1235
70.610-460 – Brasília-DF – Brasil
Tel.: (61) 3322.7843
E-mail: editorateosofica@editorateosofica.com.br
Site: www.editorateosofica.com.br

L434   Leadbeater, C. W.

Auxiliares invisíveis, Brasília: Editora Teosófica, 2020, p. 140

Título original: Invisible helpers

ISBN 978-65-88797-02-0

1. Teosofia
II. Título

CDU 141.332

Revisão: Valéria Marques de Oliveira
Diagramação: Ana Paula Cichelero
Capa: Ana Paula Cichelero
Impressão: Gráfika Papel e Cores (61) 3344-3101
E-mail: papelecores@gmail.com

Sumário

Prefácio da Edição Brasileira............7

1. A Crença Universal Neles............11
2. Alguns Casos Modernos............19
3. Uma Experiência Pessoal............26
4. Os Auxiliares............31
5. A Realidade da Vida Superfísica............38
6. Uma Intervenção a Tempo............41
7. A História do Anjo............43
8. História de um Incêndio............48
9. Materialização e Repercussão............52
10. Os Dois Irmãos............56
11. Um Suicídio Evitado............62
12. O Garoto Perdido............65
13. A História de Ivy............70
14. Um Típico Caso Comum............76
15. Naufrágios e Catástrofes............82
16. Trabalho Entre os Mortos............86
17. Trabalho em Conexão com a Guerra............94
18. Outros Ramos do Trabalho............109
19. As Qualificações Requeridas............113
20. O Caminho Probacionário............120
21. O Caminho Propriamente Dito............127
22. O Que Está Além............134

Prefácio da Edição Brasileira

Charles Webster Leadbeater (Stockport, Reino Unido, 1847 – Perth, Austrália, 1934) foi um dos maiores clarividentes do Século XX, particularmente pelas evidências apresentadas dentro de uma linguagem científica através da publicação de seu livro *Occult Chemistry* (Química Oculta), em 1908, em coautoria com a Dra. Annie Besant.

Auxiliares Invisíveis é uma obra que relata e descreve principalmente atividades de auxílio no plano astral ou quarta dimensão, às vezes também chamada de *Hades* ou mundo dos mortos, e comparado a um purgatório. Foi publicada pela primeira vez por Leadbeater em 1896, mas teve depois uma edição revista e ampliada pelo autor, em 1928, da qual se publica a presente tradução em língua portuguesa.

Embora alguns prefiram entender que o auxílio venha diretamente de Deus, o autor sustenta que, de modo prático, isso virá, na medida do merecimento *kármico*, através de Seus agentes, ou seja, seres mais próximos de nosso estágio evolutivo, que são classificados em quatro categorias, a saber: (i) os anjos, chamados de 'devas' no oriente; (ii) os espíritos da Natureza; (iii) aqueles a quem chamamos de 'mortos'; (iv) os Adeptos, Mahatmas ou Homens Perfeitos e seus discípulos. Pode-se também recomendar a leitura de outra obra do mesmo autor — *O Plano Astral* (Ed. Teosófica) — para aprofundar o conhecimento sobre as mais de vinte categorias de habitantes desse plano ou quarta dimensão, que incluem e aprofundam o estudo das categorias acima mencionadas. O autor sustenta, porém, que a maior parte do trabalho de auxílio no plano astral recai sobre a última categoria supramencionada, ou seja, fica a cargo de pessoas vivas que são capazes de agir conscientemente nesse plano.

A função de receber e conduzir as almas dos mortos, como era a de Hermes ou Mercúrio Psicopompo na mitologia greco-romana, é em grande parte exercida pelos auxiliares invisíveis, como o autor menciona no capítulo sobre o *Trabalho entre os Mortos*. Similarmente, os auxiliares invisíveis podem atuar no contínuo ajuste da Lei do *Karma* que não determina um destino rígido ou inexorável, como magistralmente explana a Dra. Besant em seu subcapítulo *Karma: uma criação contínua*[1]. O auxílio é possível nessa esfera do emprego do livre-arbítrio, onde também se encontra outra função dos auxiliares invisíveis enquanto forças da providência nesse contínuo ajuste da Lei do *Karma*, bem como um novo sentido para a prece. Esse tema é aprofundado por Leadbeater em *A Gnose Cristã* (Ed. Teosófica).

Outra parte deste livro enumera e comenta as condições de treinamento e qualificações requeridas para a senda espiritual que leva ao discipulado a serviço dos Adeptos, Mahatmas ou Homens Perfeitos em sua obra pela elevação espiritual da humanidade. Esse tema também pode ser aprofundado em outra obra do mesmo autor — *Os Mestres e a Senda* (Ed. Teosófica). O autor também menciona a antiga tradição das quatro maneiras pelas quais se pode chegar a essa senda espiritual, a saber: (i) pela companhia daqueles que já ingressaram nessa senda; (ii) pelo estudo ou leitura de nítidos ensinamentos sobre a filosofia oculta; (iii) pela contínua reflexão esclarecida do indivíduo que assim pode chegar à verdade por si próprio; (iv) por uma longa série de vidas praticando a virtude.

Outro livro do mesmo autor que pode auxiliar na compreensão da presente obra chama-se *Clarividência* (Ed. Teosófica), publicado originalmente em 1899. Ele é um clássico difícil de superar e uma referência para todos os interessados no tema. Foi redigido com a simplicidade didática característica de Leadbeater, sendo por ele dividido segundo a capacidade da visão empregada em três classes principais, a saber: a *Clarividência* simples (a mera expansão da visão ao que ocorra estar ao redor do vidente), a clarividência no espaço (o poder de projetar a visão em dire-

---

[1] BESANT, Annie. *A Doutrina do Coração*. Brasília: Editora Teosófica, p. 85 et seq. (N.E.)

ção a cenas ou acontecimentos afastados do vidente no espaço) e clarividência no tempo (o poder de ver o passado e futuro), bem como seus métodos de desenvolvimento e seu domínio (se é intencional, semi-intencional ou não intencional). O tema do possível treinamento ou despertar da clarividência é melhor desenvolvido no livro *Os Chakras* (Ed. Teosófica), bem como em *O Lado Oculto das Coisas* (Ed. Teosófica), ambos do mesmo autor.

Tais temas suscitam também a investigação sobre as questões fundamentais da predestinação e do livre-arbítrio, e o próprio sentido da vida em evolução, pois Leadbeater não considerava a clarividência como um fim em si mesmo, mas como um meio de auxílio altruísta, bem como de pesquisa e evidência da Sabedoria Divina ou Teosofia, que ele pretende resumir em três grandes verdades básicas em seu artigo *A Atitude Teosófica,* que foi publicado como apêndice de *A Gnose Cristã* (Ed. Teosófica):

> ...que Deus é bom, que o homem é imortal, e que o que ele semear, isso também ele colherá. (...) Para o estudante mediano, essa certeza chega somente como resultado da convicção intelectual de que deve ser assim — que a evidência a favor dela é mais forte do que a oferecida contra ela.[2]

Sobre a prova ou evidência a favor dessas verdades espirituais, ele afirma que "existe, e existe em quantidade esmagadora; porém como muito dela depende de evidência clarividente, o homem que desejar examiná-la terá de satisfazer-se considerando a possibilidade da clarividência existir."[3]

O mais recente reconhecimento da comunidade científica à clarividência, talvez o maior de todos os tempos, além da publicação de vários livros a respeito por outros cientistas, foi o artigo[4] do Dr. Jeff Hughes da Universidade de Manchester, na

---

[2] LEADBEATER, C.W. *A Atitude Teosófica*. In: *A Gnose Cristã*. 3. ed. Brasília: Teosófica, 2019. p. 252-260. (N.E.)

[3] *Ibidem*, p. 258-259. (N.E.)

[4] HUGHES, Jeff. Occultism and the atom: the curious story of isotopes. *Physics World*, Bristol, UK, p. 31-35, Sep. 2003. [ISSN: 0953-8585] (N.E.)

revista científica *Physics World*, publicado em setembro de 2003, sobre a obra *Química Oculta* supramencionada, de autoria do Bispo + C.W. Leadbeater e da Dra. Annie Besant. Nesta obra de pesquisa clarividente sobre a natureza da matéria e suas diversas dimensões mais sutis, que foi publicada em 1908, são apresentadas evidências, dentro de uma linguagem científica, com extraordinárias antecipações de diversas descobertas científicas. Entre estas descobertas científicas que foram assim antecipadas nesta obra, ainda em 1908, destacam-se particularmente o isótopo do gás neon, chamado 'metaneon' (1913), bem como a descoberta dos isótopos do hidrogênio (1932-1934), de outros elementos então desconhecidos pela ciência moderna e seu respectivo peso atômico, e principalmente dos quarks (1964).

Agradecimentos são devidos a todos que de alguma forma contribuíram para esta inspiradora edição.

Brasília, 01 de outubro de 2020.

+ Ricardo Lindemann
Mestre em Filosofia
Diretor da Editora Teosófica
Ex-Presidente da
Sociedade Teosófica no Brasil

1. A Crença Universal Neles

Uma das mais belas características da Teosofia é que devolve às pessoas, em uma forma mais racional, tudo o que foi realmente útil e conveniente para elas nas religiões às quais superaram. Muitos que romperam a crisálida da fé cega e subiram, nas asas da razão e da intuição, para uma vida mental mais livre e mais nobre de níveis mais elevados, sentem, contudo, que, no processo desse progresso glorioso, algo se perdeu — que, ao abandonar as crenças da sua infância, abandonaram também grande parte da beleza e da poesia da vida.

Se, porém, as suas vidas no passado foram suficientemente boas para ganharem a oportunidade de virem sob a influência benigna da Teosofia, eles logo descobrem que, mesmo nesse aspecto, não houve perda, mas um ganho extremamente grande — que a glória, a beleza e a poesia ali estão numa proporção muito maior do que antes haviam esperado, e não mais como um sonho agradável do qual a fria luz do senso comum pode, em qualquer ocasião, despertá-los rudemente, mas como verdades naturais suscetíveis de serem investigadas – que apenas se tornam mais brilhantes, mais plenas e perfeitas, à medida que são mais compreendidas.

Um exemplo notável desta ação benéfica da Teosofia é a maneira pela qual o invisível (que, antes que a grande onda do materialismo nos envolvesse, costumava ser considerada como a fonte de todo auxílio real) tem sido por ela restituído à vida moderna. Todo o encantador folclore do elfo, da fada e do gnomo, dos espíritos do ar e da água, da floresta, da montanha e da mina, mostra que não é uma simples superstição infundada, mas uma coisa com base em fatos reais e científicos. A sua resposta à grande pergunta fundamental: "Se um homem morre, tornará a viver?" é igualmente definida e científica, e os seus ensinamentos sobre a Natureza e as condições da vida após a morte derramam jorros de luz sobre muito que, pelo menos para o mundo ocidental, estava ali imerso em trevas impenetráveis.

Não será demais repetir que, no que diz respeito aos ensinamentos relativos à imortalidade da alma e à vida depois da morte, a Teosofia está numa posição inteiramente diferente da religião comum. Ela não afirma estas grandes verdades baseando-se apenas na autoridade de qualquer livro sagrado da antiguidade; ao tratar esses assuntos, ela não tem a ver com opiniões religiosas, ou especulações metafísicas, mas com fatos sólidos e definidos, tão reais e próximos de nós como o ar que respiramos ou as casas onde vivemos — fatos entre os quais está o trabalho quotidiano de alguns dos nossos estudiosos, como poderá ser visto mais adiante. *Moi qui vous parle*[5] — eu que agora escrevo estas palavras — um relato de coisas que me são familiares há mais de quarenta anos, que agora são muito mais reais e importantes para mim do que as questões do Plano Físico.

Suponho que a maioria dos meus leitores já está familiarizado com a concepção teosófica geral do mundo além-morte — que não está longe ou intrinsecamente diferente deste mundo, mas, pelo contrário, é realmente uma mera continuação dele, uma vida sem as desvantagens de um corpo físico — uma vida que para aqueles que são de alguma forma intelectuais ou artísticos é infinitamente superior a esta, embora, às vezes, possa parecer monótona para aqueles que não têm desenvolvimento espiritual, intelectual ou artístico.

Naquela vida, como nesta, há muitas pessoas que precisam de ajuda, e devemos estar prontos para tentar dá-la da maneira que pudermos, pois há muito a ser feito, e em muitas linhas diferentes. A ideia de auxiliar naquele mundo não se limita aos teósofos, mas não acredito que ela tenha sido assumida de forma científica, definida e organizada, até que a Sociedade Teosófica a tenha proposto. Ainda assim, de forma alguma todos os auxiliares são membros de nossa Sociedade [Teosófica]. Os mortos sempre ajudaram os mortos e muitas vezes tentaram confortar

---

[5] Expressão em francês que significa "eu que vos falo". (N.E.).

os vivos, mas até que a linha teosófica de estudo se abrisse diante de nós, acho que comparativamente poucas pessoas vivas trabalharam diretamente no mundo astral. Grande número de pessoas vivas sempre trabalhou, indiretamente, como por exemplo: orando pelos mortos; mas esse esforço é geralmente um tanto vago, porque aqueles que o fazem, de modo geral, não entendem muito da real situação do outro lado do túmulo. Mas na grande Igreja Católica Romana, os indivíduos sempre oraram, com fé e medo de Deus, por aqueles que partiram desta, e essa oração não é de maneira alguma uma forma vazia.

Talvez a oração não seja necessária da maneira que aqueles que oram, com frequência, pensam; não é necessário dizermos ao nosso Deus o que gostaríamos que ele fizesse; mas isso não quer dizer que a oração não produza resultado. É uma grande efusão de força de planos superiores — um grande esforço mental e emocional; e, em um mundo que é governado por lei, não pode haver esforço que não produza algum tipo de resultado, porque ação e reação estão inextricavelmente entrelaçadas, e qualquer esforço, seja físico, emocional ou mental, deve produzir algo na natureza de um efeito ou de uma reação; e, sem dúvida, as orações pelos mortos têm muita força espiritual. Elas beneficiaram e ajudaram na evolução aqueles para os quais foram destinadas, de forma que os vivos sempre influenciaram aqueles que já faleceram, mesmo sem saber da possibilidade de trabalho direto nos planos superiores.

Pode ocorrer a algum investigador perguntar: uma vez que a Grande Fraternidade Branca dos Adeptos existia, antes que a Teosofia fosse divulgada, por que, então, Eles ou Seus alunos não deram esse auxílio? Devemos entender que os Adeptos estão engajados em trabalhos muito mais elevados, e de muito mais importância do que isso. Nossas ideias são totalmente desproporcionais, por serem de importância relativa. Pensamos que tudo o que nos diz respeito, pessoalmente, deve ser de fundamental importância, e não percebemos que as forças que estão operando a evolução do globo lidam com as pessoas, não indivi-

Auxiliares Invisíveis 13

dualmente, nem mesmo às dezenas e centenas, mas aos milhares e milhões. Os Adeptos, desta forma, não poderiam devotar Seu tempo a esse tipo de trabalho. Seus alunos sim, mas até que a Teosofia promulgasse no Ocidente essas ideias, a maioria dos alunos dos Mestres era indiano; e qualquer um de vocês que conheça alguma coisa da religião hindu entenderá que essa ideia de auxiliar pessoas mortas, individualmente, não deveria ocorrer a Seus alunos.

O estado pós-morte, segundo os indianos, seria a de deixar-se absorver em alguma representação da Divindade e, assim, obter grande avanço. Sem dúvida, depois que o avanço foi alcançado, eles poderiam ser úteis para a humanidade, mas dificilmente no atual estágio intermediário. Também havia pouca necessidade de auxílio entre os mortos de seu próprio povo, porque a religião hindu ensina a seus seguidores algo sobre os estados após a morte, de modo que o indiano, ao morrer, não fique de forma alguma alarmado ou perturbado. O pensamento de que os mortos podem precisar de ajuda além da cerimônia normal de *Shrāddha*[6] seria um tanto estranho para a mente indiana; portanto, permanece o fato de que muito pouco trabalho organizado foi feito.

O sentimento inicial dos teósofos que começaram esse trabalho era, em primeiro lugar, que não deviam desperdiçar as horas de sono e, em segundo lugar, que ali havia um grande espaço para uma atividade em que, cada pessoa que sabia um pouco sobre as condições daquele mundo, poderiam ser úteis. Então eles lançaram-se nisso e fizeram o que puderam.

Houve outras religiões que ensinaram nos mínimos detalhes as condições da vida após a morte. A religião egípcia o fez, mas seus métodos eram atlantes; seus devotos não tinham ideia de generalização. Eles conheciam uma vasta multiplicidade de casos, mas nunca pareciam inferir, desses casos, as regras gerais. No *Livro dos Mortos*[7], encontramos uma enorme quantidade de

---

[6] *Shrāddha* é uma cerimônia hindu de oferenda aos ancestrais. (N.E.).
[7] BUDGE, E. A. Wallis, *O Livro Egípcio dos Mortos*, São Paulo: Ed. Pensamento. (N.E.).

detalhes e, em cada caso, o método de lidar com isso é cuidadosamente narrado; mas eles nunca parecem ter chegado ao fato de que todos esses métodos eram manifestações da vontade humana, e de que uma vontade forte carregasse um indivíduo sem o conhecimento detalhado, de modo que todos os seus encantos e curiosas recitações eram desnecessárias.

Até que a Teosofia assumisse o assunto sobre o mundo após a morte, nunca tivemos no Ocidente qualquer declaração sobre isso que estivesse em harmonia com a linha da ciência moderna. O Espiritismo fez algo por nós na forma de coletar informações, mas seus métodos eram esporádicos. Não nos disse muito sobre aquele outro mundo como um todo. Acho que podemos afirmar que a Teosofia fez isso por nós; aplicou o espírito científico moderno a este problema do mundo invisível, tabulou suas observações, e construiu um sistema coerente. Claro que em tudo isso não temos nenhuma prerrogativa especial; todas as informações que temos sobre o mundo astral podem ser obtidas por qualquer habitante inteligente desse mundo. Assim, frequentemente encontramos detalhes que costumamos chamar de teosóficos vindo de outros canais; e isso seria ainda mais frequente se não fosse pelo fato de que a maioria das pessoas mortas não é observadora científica treinada; elas descrevem apenas o que veem ao seu redor e não tentam ver seu mundo como um todo.

Quando começamos, primeiramente, a tentativa de trabalhar durante o sono, logo descobrimos que havia muitos aspectos em que a ajuda era desejada, tanto pelos vivos quanto pelos mortos. Estou usando as palavras "vivo" e "morto" na aceitação comum, e suponho que não devo fazer isso sem manifestar-me. Esses mortos, como nunca se cansam de dizer-nos, estão muito mais vivos do que nós. Eles falam de nós como mortos, porque estamos enterrados nessas tumbas de carne, excluídos das influências superiores. Eles nunca se arrependem da condição em que se encontram, mas têm pena de nós pela nossa. Falaremos neles mais tarde; vamos primeiro ver o que podemos fazer para ajudar as pessoas vivas.

Lembre-se de que toda noite, ao adormecer, você abandona o corpo. Você está então vivendo tão livremente no mundo astral como qualquer indivíduo morto, embora mantenha o poder de retornar ao seu veículo físico pela manhã. Mas, por enquanto, você encontra, em igualdade de condições, aquele residente astral mais permanente, e pode conversar com ele cara a cara, exatamente como você encontra seus amigos físicos todos os dias no Plano Físico.

Naquele Plano, como neste, os sofredores podem ser confortados por você; os seus sentimentos bondosos podem ajudar mesmo aqueles que ainda vivem neste mundo mais denso. Via de regra, você não pode aparecer a nenhuma pessoa que esteja acordada em seu corpo físico; para fazer essa materialização é preciso que você envolva seu corpo astral em um véu de matéria física, e essa é uma arte que deve ser adquirida, e não é facilmente conquistada. A qualquer momento, você pode derramar amor e simpatia sobre ele; mas para mostrar-se ou falar com ele, é melhor esperar até que ele durma. Mesmo a partir do seu corpo astral, você pode enviar correntes relaxantes e tranquilizadoras que acalmarão os nervos físicos sobrecarregados, e permitirão que uma pessoa durma, o que de outra forma não poderia fazê-lo. Além disso, muitas vezes você pode aliviar a angústia mental colocando pensamentos alegres na mente de uma pessoa, e, finalmente, mostrar-lhe, sem palavras, que o caso pode ser muito pior do que é.

Muitas vezes você pode fazer algo para acalmar as pessoas que estão preocupadas e empolgadas. Existem milhares delas que nunca sabem o que é estar livre de preocupações e, diversas vezes, tratam de algum assunto trivial que realmente não importa nem um pouco. Essas pessoas estão mentalmente enfermas — em um estado de doença muito grave no que diz respeito a seus veículos superiores. Depois, há aquelas que estão sempre duvidando de tudo; essa é outra forma de doença mental, e, às vezes, você pode fazer muito para aliviá-las, oferecendo-lhes o senso comum da Teosofia. São frequentemente materialistas, e afirmam que sua doutrina tem bom senso; mas você pode explicar-lhes que, uma teoria que se recusa a levar em consideração fatos não físicos, dificilmente é digna desse nome, e no Plano Astral esses fatos são demonstrados muito mais facilmente do que neste.

Mais uma vez, podemos tentar auxiliar aqueles que amamos, inundando-os com aquelas qualidades que lhes falta. Se tivermos um amigo que é extremamente tímido e nervoso, muitas vezes podemos enviar-lhe pensamentos de coragem, força e confiança; quando considerarmos que ele é capaz de ser duro e intolerante em seu julgamento, podemos envolvê-lo em nuvens de amor e gentileza. Mas esse trabalho deve ser feito com o maior cuidado — sempre por sugestão silenciosa, e nunca num momento de dominação. Imprimir numa pessoa um pensamento forte, daquele mundo superior, não é difícil; seria perfeitamente possível dominar um homem médio, e praticamente coagi-lo pelo pensamento a adotar uma certa linha de ação; mas devemos considerar isso totalmente inadmissível.

Entre as belas concepções que a Teosofia nos restituiu, destaca-se proeminentemente a dos grandes agentes auxiliares da Natureza. A crença neles tem sido universal desde as primeiras eras históricas, e mesmo hoje é universal fora dos estreitos domínios do protestantismo, que esvaziou e entenebreceu o mundo para os seus crentes pela sua tentativa de eliminar a ideia perfeitamente natural e verdadeira dos agentes intermédios, reduzindo tudo aos dois fatores, ficar degradada à ideia da divindade e do homem permanecendo sem um auxílio.

Um momento de reflexão mostrará que o conceito vulgar da Providência — a concepção de uma intervenção errática do poder central do Universo no resultado dos seus próprios decretos — implicaria a introdução da parcialidade no esquema desse Universo, e, por conseguinte, de toda a série de males que daí resultaria. O ensino teosófico de que um indivíduo só pode ser assim especialmente auxiliado quando as suas ações passadas têm sido tais que mereceram esse auxílio, e que, mesmo então, o

Auxiliares Invisíveis 17

auxílio será dado através daqueles que estão relativamente perto do seu próprio nível, escapa a esta séria objeção; e restitui-nos, além disso, a mais antiga e muito mais grandiosa concepção de uma série contínua e ascendente de seres vivos, vindo desde o próprio *Logos* até ao pó sob os nossos pés.

No Oriente, a existência dos auxiliares invisíveis sempre foi reconhecida, ainda que os nomes que lhes têm sido dados e as características a eles atribuídas, variam, como é natural, em diversos países; e mesmo na Europa temos as velhas histórias gregas da interferência constante dos deuses nas coisas da vida humana, e a lenda romana de que Castor e Pólux comandaram as legiões da república infante na batalha do Lago Regilo. Nem pereceu esta concepção quando o período clássico se extinguiu, porque estas histórias têm a sua descendência legítima nos contos medievais de santos que apareciam nos momentos críticos fazendo a sorte da guerra virar-se para o lado das hostes cristãs, ou de anjos da guarda que às vezes apareciam para livrar o viajante piedoso de que, se não fossem eles, teria sido certa a destruição.

2. Alguns Casos Modernos

Mesmo neste tempo incrédulo, e em meio a todo o turbilhão de nossa civilização moderna [Século XIX], apesar do dogmatismo da nossa ciência e da frieza mortal do nosso protestantismo, é possível encontrar casos de intervenção, inexplicáveis do ponto de vista materialista, e acessíveis a qualquer indivíduo que queira dar-se ao trabalho de procurá-los. Para demonstrar isso ao leitor, resumirei rapidamente alguns dos casos citados em uma ou outra das coleções recentes dessas histórias, juntando-lhes um ou outro caso de que eu tenha tido conhecimento. Uma característica muito notável desses casos mais recentes é que a intervenção parece ter-se quase sempre dada para auxílio ou salvação de crianças.

Um caso muito interessante, ocorrido em Londres há poucos anos, diz respeito à salvação da vida de uma criança no meio de um incêndio formidável, que iniciou numa rua perto de Holborn, e destruiu duas casas. Antes de serem descobertas, as chamas tinham tomado tal impetuosidade, que os bombeiros não puderam pensar em salvar as casas, mas conseguiram tirar de lá todos os moradores, exceto dois — uma senhora idosa, que morreu sufocada pela fumaça antes que a pudessem auxiliar, e uma criança de cinco anos de idade, cuja presença no prédio havia sido esquecida por causa da pressa e do pânico do momento.

A mãe da criança, ao que parece, era amiga ou parenta da proprietária da casa, e naquela noite, tinha deixado a criança sob a sua responsabilidade, por ter de viajar até Colchester para algum assunto urgente. Não foi senão quando estavam todos salvos, e o prédio envolvido em chamas, que a proprietária se lembrou, com uma súbita angústia, da criancinha que lhe tinha sido confiada. Parecia então impossível tentar chegar ao sótão, onde a criança tinha ficado dormindo, mas um dos bombeiros resolveu heroicamente fazer um desesperado esforço, e, depois de ter obtido indicações minuciosas sobre a localização exata do quarto, mergulhou no meio da fumaça e da chama.

Ele encontrou a criança e a trouxe completamente ilesa; mas quando se juntou aos seus camaradas, tinha uma história bem singular para contar-lhes. Ele declarou que, quando chegou ao quarto, encontrou-o em chamas, e a maioria do chão já havia caído; mas o fogo tinha feito uma curiosa curva ao redor do quarto em direção à janela, de uma maneira inteiramente estranha e inexplicável, da qual, em toda a sua experiência, ele nunca havia visto, de modo que o canto onde estava a cama da criança permanecia intocável, embora as vigas do fragmento do chão estivessem meio queimadas. Como é natural, a criança estava assustadíssima, mas o bombeiro declarou distinta e repetidamente que, sob grande risco, dirigiu-se à criança, e viu uma forma como a de um anjo — aqui citam-se as suas palavras precisas, um algo "todo gloriosamente branco e prateado, debruçando-se sobre a cama e alisando a manta". Dizia o bombeiro que não havia erro possível, visto que essa forma se tornou visível, por alguns momentos, sob um brilho de luz e, de fato, só desapareceu quando ele já estava a pouca distância dela.

Outro detalhe curioso dessa história é que a mãe da criança, naquela noite, não conseguiu dormir em Colchester, mas foi persistentemente assediada por um forte sentimento de que qualquer coisa estava acontecendo ao filhinho, tanto que finalmente se viu obrigada a levantar-se da cama e a rezar durante algum tempo, pedindo que a pequena criança fosse protegida contra o perigo que instintivamente sentia que pairava sobre ela. A intervenção foi assim, evidentemente, o que um cristão chamaria de resposta a uma oração; um teósofo, pondo a mesma ideia em fraseologia mais científica, diria que o intenso derramamento de amor constituía a força de que um dos nossos auxiliares invisíveis pôde servir-se para salvar a criança de uma terrível morte.

Um caso notável, em que algumas crianças foram anormalmente protegidas, deu-se nas margens do Tamisa, perto de Madenhead, uns anos antes do exemplo citado. Desta vez o perigo de que elas foram salvas surgiu não do fogo, mas da água. Três pequenitos, que viviam, se bem me recordo, dentro ou perto da aldeia de Shottesbrook, foram levados de reboque pela governanta, a caminhar ao longo do caminho. Ao virarem uma curva, foram ao encontro a um cavalo que rebocava uma barcaça, e, com a confusão, duas das crianças ficaram do lado errado do cabo do reboque e foram jogadas na água.

O barqueiro, que viu o desastre, adiantou-se para salvá-los, e notou que boiavam na água "de maneira esquisita", como ele disse, e movendo-se silenciosamente em direção à margem. Isso foi tudo o que ele e a pajem viram, mas as crianças declararam que "uma pessoa muito bela, toda branca e brilhante", ficou ao lado delas na água, levantando-as e guindando-as até a margem. E esse relato não deixou de encontrar quem o confirmasse, porque a filhinha do barqueiro, que correu da cabine quando ouviu os gritos da governanta, também afirmou ter visto uma linda senhora na água, arrastando as duas crianças para a margem.

Sem informações mais completas do que a história nos fornece, é impossível dizer com certeza a que classe de auxiliares esse "anjo" pertencia; mas o mais provável é que se trate de um ente humano desenvolvido, funcionando no corpo astral, como adiante veremos, quando tratarmos do assunto do lado inverso por assim dizer — isto é, do ponto de vista dos auxiliares e não dos auxiliados.

Um caso, em que a intervenção pode descortinar-se de forma um pouco mais definida, é contado pelo conhecido sacerdote, Dr. John Mason Neale. Ele afirma que um indivíduo que havia pouco ficara viúvo, estava com seus filhos numa visita à casa de campo de um amigo. Era uma mansão antiga e desconexa, e na parte inferior havia longas e escuras passagens nas quais as crianças brincavam com grande alegria. Mas logo apareceram na sala, com um ar muito sério, e duas delas contaram que, ao irem a correr por um desses corredores afora, a mãe lhes tinha aparecido, dizendo-lhes para voltarem, tendo desaparecido em seguida.

Investigações feitas revelaram o fato de que, se as crianças tivessem dado mais uns passos, teriam caído num poço fundo que estava precisamente em seu caminho, de modo que foi o aparecimento de sua mãe que as salvou de uma morte quase certa.

Neste caso, parece não haver razão para duvidar de que a própria mãe continuava vigiando amorosamente seus filhos, a partir do Plano Astral, e que (como acontece em outros casos) o seu desejo intenso de adverti-los do perigo em que inconscientemente iam incorrendo, deu a ela o poder de tornar-se visível e audível naquele momento — ou talvez apenas para impressionar suas mentes com a ideia de que eles a viram e a ouviram. É possível, é claro, que o auxiliar tivesse sido qualquer outra pessoa, alguém que assumiu a forma familiar da mãe para que não assustasse as crianças; mas a hipótese mais simples é atribuir a intervenção à ação do sempre vigilante amor materno, que a passagem pelas portas da morte não conseguira diminuir.

Este amor materno, sendo um dos sentimentos humanos mais sagrados e altruístas, é também um dos mais persistentes nos planos superiores. Não só se dá no caso da mãe, que se encontra nos níveis inferiores do Plano Astral, e consequentemente, em contato com a Terra, ainda mantém seu interesse e cuidado pelos filhos, enquanto possa vê-los; mesmo depois de sua entrada no mundo celestial, esses pequeninos continuam a ser os objetos mais importantes no seu pensamento, e a riqueza de amor que ela derrama sobre as imagens, que ali deles constrói, é uma grande emissão de força espiritual que recai sobre seus filhos que ainda estão lutando neste mundo inferior, cercando-os de centros vivos de energia benéfica que bem podem ser descritas como verdadeiros anjos de guarda.

Isso foi bem ilustrado por um caso que algum tempo atrás foi noticiado por nossos investigadores. Era o de uma mãe que morrera talvez vinte anos antes, deixando para trás seus dois filhos, aos quais ela era profundamente ligada. Naturalmente, em sua vida celestial, eles eram as figuras mais proeminentes, e, de forma muito espontânea, ela pensava neles como os havia deixado, como meninos de quinze ou dezesseis anos de idade.

O amor que ela, incessantemente, assim verteu estava realmente agindo, neste mundo físico, como uma força benéfica vertida sobre os homens adultos, porém, ambos não foram afetados na mesma medida — não que seu amor fosse mais forte por um do que pelo outro, mas porque havia uma grande diferença entre as próprias imagens.

É claro que nenhuma diferença era vista pela mãe; para ela, ambos pareciam igualmente com tudo o que ela poderia desejar; ainda assim, aos olhos dos investigadores, era muito evidente que uma dessas imagens era simplesmente uma forma-pensamento da mãe, sem nada por detrás dela que pudesse ser chamada de realidade, enquanto a outra era, distintamente, muito mais do que uma mera imagem, pois era um instinto com força viva. Ao rastrear este interessante fenômeno até a sua fonte, descobriu-se que, no primeiro caso, o filho havia crescido, e se tornado um homem de negócios comum — de qualquer maneira, não era especialmente mau, mas de forma alguma espiritualizado — enquanto o segundo, tornou-se um homem de grande aspiração altruísta, e de considerável refinamento e cultura. Em sua vida tinha desenvolvido no ego uma quantidade muito maior de consciência, do que o seu irmão e, consequentemente, seu Eu Superior foi capaz de energizar a imagem de si mesmo como um menino, na forma em que sua mãe havia formado em sua vida celestial — para colocar nele algo de si mesmo, por assim dizer.

Que algumas crianças, pelo menos, podem ver Anjos, é a crença do Bispo de Londres.

Nada sobre o assunto havia passado em sua mente, mas no culto ela disse à sua mãe:

"Você os vê, mãe"?

"Vejo o quê?" perguntou a mãe, e a criança respondeu:

"Anjos de cada lado do bispo."

Foi dito que os puros de coração verão a Deus, portanto,

não era possível que uma criança perfeitamente pura pudesse ver coisas que os adultos não podiam ver?

O bispo também contou a história de cinco meninas cujo pai foi-se deitar ao sentir-se doente. A mais nova subiu na cama, mas logo saiu do quarto chamando:

"Venha! Há dois anjos subindo a escada! "

Ninguém mais poderia ver nada. Mais tarde, a criança novamente chamou:

"Venha! Os Anjos estão descendo a escada, agora, e o pai está caminhando entre eles".

Desta vez, todas as cinco garotas viram a mesma coisa e, indo para o quarto de seu pai, encontraram seu cadáver.

Há pouco tempo, a filhinha de um bispo inglês estava passeando com a mãe pela cidade onde viviam, e, correndo despreocupadamente por uma rua, a criança foi derrubada pelos cavalos de uma carruagem que, subitamente, surgiu na esquina. Ao vê-la entre as patas dos cavalos, a mãe correu à frente, esperando encontrá-la muito ferida, mas a criança alegremente se levantou, dizendo: "Oh! mamãe, não estou machucada, porque algo de branco impedia que os cavalos não me pisassem, e me disse que não tivesse medo".

Um caso que ocorreu em Buckinghamshire, nas vizinhanças de Burnham Beeches, é notável, devido ao longo tempo o qual parece que se manteve a manifestação física do agente salvador. Verificou-se que, nos casos até aqui citados, a intervenção foi em questão de poucos minutos, ao passo que neste, o fenômeno que foi produzido parece ter durado por mais de meia hora.

Dois dos filhos pequenos de um agricultor foram deixados sozinhos para brincar, enquanto toda a família se ocupava nos trabalhos da colheita. Os pequenos foram passear no bosque, afastaram-se muito de casa, e acabaram por se perder no caminho. Quando, cansados do trabalho, os pais voltaram ao entardecer, deram pela ausência das crianças, e, depois de indagarem nas casas vizinhas, o pai mandou os trabalhadores em todas as direções para procurá-los.

Todos os esforços, porém, resultaram inúteis, nem houve resposta aos gritos chamando pelas crianças; reuniram-se outra vez em casa, num estado de natural desalento, quando viram a alguma distância, uma luz estranha, movendo-se, lentamente, através de uns campos em direção à estrada. Descrevem-na como sendo uma grande esfera luminosa de uma luz dourada e brilhante, inteiramente diversa da luz de uma lâmpada comum; quando essa luz se aproximou, duas crianças foram vistas andando no meio dela. O pai e alguns outros imediatamente correram em direção à luz, que persistiu enquanto eles não chegaram perto; logo, porém, que se agarraram às crianças, a luz desapareceu, deixando-os na escuridão.

As crianças contaram que, quando anoiteceu, andaram chorando na floresta por algum tempo, e, finalmente, tinham acabado por se deitar para dormir, debaixo de uma árvore. Foram acordadas, disseram eles, por uma senhora muito bela, com um candeeiro, que os tomou pela mão e os conduziu a caminho de casa; quando eles faziam-lhe perguntas, ela sorria, mas não respondia nada. Ambos firmemente concordaram com este estranho relato, nada havendo que pudesse lhes abalar a fé no que tinham visto. Vale ressaltar que, embora todos os presentes tivessem visto a luz, e notado que ela iluminava as árvores e os arbustos por onde passava, exatamente como o faria uma luz normal, a forma da senhora era visível apenas para as crianças.

3. Uma Experiência Pessoal

Todos os casos citados são relativamente bem conhecidos, e podem ser lidos em alguns dos volumes que contêm coleções de tais relatos — a maioria deles em *Mais Vislumbres do Mundo Invisível* do Dr. Lee; mas os dois casos que vou agora citar nunca foram relatados em publicação nenhuma, e ambos se deram dentro dos últimos dez anos — um passou-se comigo, e o outro com uma pessoa muito minha amiga, uma membro eminente dentro da Sociedade Teosófica, e a precisão do que foi observado está fora de toda a dúvida.

A minha própria história é bastante simples, ainda que não sem importância para mim, visto que a intervenção, indubitavelmente, salvou a minha vida. Eu seguia em uma noite tempestuosa por uma rua sossegada, ao pé de Westbourn Grove, e chovia ininterruptamente; em uma tentativa, pouco exitosa, eu buscava segurar um guarda-chuva contra a violência intermitente de um vento rebelde, que a cada minuto parecia querer arrancá-lo de minhas mãos, e tentando, ao mesmo tempo em que me via nestas dificuldades, concentrar o pensamento sobre certos detalhes de um trabalho que então tinha entre as mãos.

Subitamente — tão subitamente que me fez um sobressalto — uma voz que conheço bem — a voz de um professor indiano — gritou-me ao ouvido: "*Salta para trás!*" e, num gesto de obediência instintiva, saltei bruscamente para trás sem ter tempo para pensar no que fazia. Ao fazer isto, o meu guarda-chuva, que se inclinara para adiante por causa do movimento brusco, foi-me arrancado da mão e uma enorme chaminé de metal caiu no passeio a menos de um metro adiante de mim. O grande peso deste objeto, e a tremenda força com que caiu, deu-me a absoluta certeza de que, se não fosse aquela voz de advertência, eu teria sido imediatamente morto; mas a rua estava deserta, e a voz era a de alguém que eu sabia que estava a sete milhas de distância, pelo que diz respeito ao seu corpo físico.

Nem foi esta a única ocasião em que recebi auxílio desta ordem sobrenatural, porque, quando era ainda novo, e muito tempo antes da fundação da Sociedade Teosófica, o aparecimento de uma pessoa querida, recém-morta, evitou que eu praticasse o que hoje vejo que teria sido um grave crime, ainda que, à luz dos conhecimentos que então eu tinha, me parecesse um ato de retaliação não só justificável, mas até louvável. Novamente, muito mais tarde, antes mesmo da fundação desta Sociedade, um aviso que recebi de um plano superior, em circunstâncias altamente impressionantes, habilitou-me a evitar que outro indivíduo seguisse um caminho que o teria levado a um fim desastroso, ainda que na ocasião nada me levasse a crer na possibilidade de tal desfecho. De modo que se verá que tenho alguma experiência pessoal fortalecendo a minha crença na doutrina dos auxiliares invisíveis, mesmo não falando no meu conhecimento do auxílio que está sendo prestado atualmente e a cada momento.

O outro caso é muito mais impressionante. Quando este livro foi publicado pela primeira vez[8], há mais de trinta anos, nossa amada Presidente[9], embora me tivesse dado permissão para publicar várias histórias de sua obra, e de suas aventuras em planos superiores, não queria que seu nome fosse mencionado; mas a esta distância de tempo, parece não haver mais nenhuma razão para que seus muitos milhares de devotados seguidores sejam privados do imenso prazer que surge da identificação da heroína de experiências tão maravilhosas e belas, ocorridas com um Mestre, o qual é tão amado e reverenciado por eles. Portanto, acho que ela me perdoará se eu revelar um segredo de trinta anos!

Nossa grande líder, então, certa vez viu-se em sério perigo físico. Devido a circunstâncias que não precisam ser detalhadas aqui, ela estava no centro de uma briga em uma perigosa rua, e vendo, perto dela, vários homens abatidos e evidentemente feridos, escapar da confusão parecia totalmente impossível,

---

[8] Primeira publicação em Adyar (Chennai, Índia) foi em 1928. (N.E.)

[9] Dra. Annie Besant. (N.E.)

por isto, estava momentaneamente na expectativa de um destino semelhante.

De repente sentiu uma curiosa sensação de ser arrastada, como que num turbilhão, para fora de tudo aquilo e encontrou-se absolutamente só e incólume numa pequena rua transversal, paralela àquela em que o motim havia ocorrido. Ela continuou a ouvir o ruído do motim e, enquanto estava perplexa, sem saber o que lhe tinha acontecido, dois ou três indivíduos, que tinham fugido da multidão, vieram correndo, dando a volta à esquina, e, ao vê-la, manifestaram grande pasmo e agrado, dizendo que, quando a viram desaparecer do meio do motim, tinham ficado convencidos de que ela havia sido derrubada.

Na ocasião não apareceu explicação plausível, então, ela voltou para casa num estado de absoluta perplexidade; mas quando, anos depois, mencionou este estranho caso a Madame Blavatsky, esta disse-lhe que o seu *karma* era de tal modo que permitia-lhe ser salva de uma situação tão difícil, um dos Mestres tinha especialmente destacado alguém para a sua proteção, visto que a sua vida era necessária para a realização de uma obra.

Mas, na verdade, o caso foi muito extraordinário, tanto pelo que diz respeito à grande dose de poder posto em prática, como pela natureza anormalmente pública da sua manifestação. Não é difícil, porém, conceber o *modus operandi*; ela deve ter sido levantada fisicamente do meio da multidão e por cima do quarteirão intermédio de casas, sendo depois simplesmente posta no chão na rua próxima; mas como o seu corpo físico não foi visto pairando no ar, também é evidente que um véu de qualquer espécie (provavelmente de matéria etérica) foi lançado sobre esse corpo enquanto durou o trajeto.

Se se objetar que o que pode ocultar a matéria física deve ser também físico, e, portanto, visível, pode responder-se que, por um processo conhecido de todos os estudiosos do oculto, é possível *dobrar* os raios luminosos (os quais; em todas as condições que a ciência atual conhece, seguem apenas em linhas retas, salvo quando há refração) de modo que, depois de darem volta a um objeto, voltem exatamente ao seu curso anterior, e imediatamente se verá que, uma vez que isso tivesse sido feito, esse objeto ficaria inteiramente invisível a todos os olhos físicos até que os raios pudessem retomar o caminho normal. Sei perfeitamente que esta afirmação, por si só, é suficiente para que as minhas asserções sejam consideradas como absurdas aos olhos do cientista, mas não posso evitar isso; apenas exponho uma possibilidade da Natureza que a ciência do futuro talvez um dia descubra, e para aqueles que não são estudantes do oculto, a minha asserção tem que esperar por esse dia para que fique de todo justificada.

O processo, como digo, é bem compreensível a qualquer pessoa que saiba um pouco acerca das forças ocultas da Natureza; mas o fenômeno continua sendo extremamente dramático.

Outra instância recente de interposição menos notável, talvez, mas totalmente bem-sucedida, foi relatada a mim desde a publicação da primeira edição deste livro. Uma senhora, obrigada a empreender sozinha uma longa viagem de trem, teve o cuidado de garantir um compartimento vazio; mas assim que o trem estava saindo da estação, um homem de aparência ameaçadora e vilã saltou e sentou-se na outra extremidade do vagão. A senhora ficou muito alarmada por ser deixada sozinha com alguém de caráter duvidoso, mas era tarde demais para pedir ajuda, então ela ficou quieta e, sinceramente, entregou-se aos cuidados de sua santa padroeira.

Seus temores logo foram redobrados, pois o homem levantou-se e, com um sorriso malicioso, virou-se para ela, porém, mal havia dado um passo quando recuou com um olhar do mais intenso espanto e terror. Seguindo a direção de seu olhar, ela ficou surpresa ao ver um cavalheiro sentado em sua frente, olhando calmamente, mas com firmeza, para o perplexo ladrão — certamente que esse cavalheiro não poderia ter entrado na carruagem por qualquer meio comum. Muito maravilhada para falar, por meia hora ela o observou, como se estivesse fascinada; ele não proferiu nenhuma palavra, nem sequer a olhou, mas manteve os olhos fixos no vilão, que se encolheu, tremendo, no canto mais afastado do compartimento. No momento em que o trem chegou à próxima estação, e mesmo antes de parar, o suposto ladrão abriu a porta e saltou apressado. A senhora, profundamente agradecida por ter se livrado dele, voltou-se para expressar sua gratidão ao cavalheiro, mas encontrou apenas um assento vazio, embora fosse impossível para qualquer corpo físico ter deixado a carruagem naquele momento.

Nesse caso, a materialização foi mantida por um período mais longo do que o normal, mas por outro lado, não despendeu qualquer tipo de força na ação – nem mesmo era necessário que o fizesse, pois sua mera aparência era suficiente para efetuar seu propósito.

Mas estes relatos, dizendo respeito, como dizem, àquilo a que vulgarmente se chamaria a intervenção angélica, ilustram apenas uma pequena parte das atividades dos nossos auxiliares invisíveis. Antes, porém, que possamos proveitosamente considerar as outras seções do seu trabalho, será bom que tenhamos bem presentes no nosso espírito as várias classes de entidades às quais estes auxiliares podem pertencer. Seja essa, portanto, a parte do nosso assunto que trataremos em seguida.

4. Os Auxiliares

Auxílio, então, pode ser dado por algumas das muitas classes de habitantes do Plano Astral. Pode vir dos *devas*, dos espíritos da Natureza, ou daqueles a quem chamamos mortos, assim como dos indivíduos que agem conscientemente no Plano Astral durante a vida — sobretudo os Adeptos e os seus discípulos. Mas, se examinarmos o assunto com um pouco mais de cuidado, veremos que, ainda que todas as classes mencionadas possam tomar parte nesta obra, e por vezes o façam, tomam-na, porém, de modo tão desigual, de umas para outras, que fica quase tudo inteiramente a cargo de uma classe.

O próprio fato de que é necessário que seja feito tanto trabalho desta espécie, seja no Plano Astral ou a partir dele, já contribui bastante para explicar o assunto. Para qualquer pessoa que tenha mesmo uma vaga ideia de quais sejam os poderes ao alcance de um Adepto, ficará imediatamente evidente que o fato de ele trabalhar no Plano Astral seria uma perda de energia muito maior do que se os nossos maiores médicos ou indivíduos de ciência gastassem seu tempo quebrando pedras na estrada.

O trabalho do Adepto pertence a regiões superiores — principalmente aos níveis *arupa* do Plano *Devachânico* ou mundo celestial, onde pode dirigir as suas energias para influenciar a verdadeira individualidade do ser humano, e não apenas a sua personalidade, que é quanto se pode atingir nos mundos astral ou físico. O esforço que ele faz nesse reino elevadíssimo produz resultados maiores, mais vastos e mais duradouros do que quaisquer outros que possam ser obtidos pelo dispêndio de dez vezes mais esse esforço aqui neste mundo; e a obra ali é da ordem que somente ele pode realizá-la inteiramente, ao passo que aquela nos planos inferiores pode ser realizada, pelo menos até certo ponto, por aqueles cujos pés estão apenas nos primeiros degraus daquela escada que um dia os há de levar ao ponto onde Ele já está.

As mesmas observações se aplicam ao caso dos *Devas* ou Anjos. Pertencendo, como pertencem, a um reino da Natureza muito superior ao nosso, o seu trabalho parece não ter, na sua maior parte, relação alguma com a humanidade; e mesmo aqueles das suas fileiras — e esses existem — que por vezes respondem às nossas preces superiores ou aos nossos apelos mais elevados, fazem-no sobre o Plano Mental antes que sobre o Físico ou Astral, e com mais frequência nos intervalos entre as nossas encarnações do que durante as nossas vidas terrenas.

Pode-se lembrar que alguns casos de auxílio dessa natureza foram observados no decurso das investigações sobre as subdivisões do Plano *Devachânico* que foram feitas quando se estava preparando o *Manual Teosófico*[10] acerca desse assunto. Em um caso, encontrou-se um *deva* a ensinar a um cantor a mais extraordinária música celestial; e em outro, viu-se um *deva* de outra espécie ensinando e guiando um astrônomo que buscava compreender a forma e a estrutura do Universo.

Foram estes apenas dois exemplos, dos muitos existentes, em que se viu o reino dos devas auxiliar a evolução e corresponder às aspirações mais elevadas do indivíduo depois da morte; e há métodos pelos quais, mesmo durante a vida na Terra, essas grandes figuras pode ser abordadas, e uma infinidade de conhecimento pode ser adquirida a partir deles, ainda que, mesmo então, essa relação com eles se obtenha antes subindo até o nível delas do que lhes pedindo que desçam até o nosso.

Nos acontecimentos banais da nossa vida física, o *deva* intervém raríssimas vezes — está, de resto, tão intensamente ocupado com a obra muito mais importante a realizar no seu plano, que provavelmente quase não tem consciência do nosso; e, ainda que por vezes possa acontecer que ele se torne consciente de qualquer angústia ou dificuldade humana que desperte a sua piedade e o leve de algum modo a auxiliar, sua visão mais ampla, sem dúvida, reconhece que, no atual estágio de evolução,

---

[10] A parte do *Manual* a que o autor se refere encontra-se em seu próprio livro *O Plano Mental*, Brasília: Ed. Teosófica, 2019. (N.E.).

essas intervenções, na maioria dos casos, produziram muito mais mal do que bem.

Houve sem dúvida um período no passado — na infância da raça humana — em que ela recebeu muito mais auxílio de fora do que hoje recebe. Nos tempos em que todos os seus Budas e Manus, e mesmo os seus chefes e professores menos elevados, eram tirados ou das fileiras da evolução dos *devas*, ou da humanidade aperfeiçoada de qualquer planeta mais evoluído, qualquer auxílio do gênero daquele a que nos referimos nesse tratado deve também ter sido prestado por esses seres elevadíssimos. Mas, à medida que o homem progride, torna-se capaz de agir como auxiliar, primeiro no Plano Físico, e depois nos planos superiores; e chegamos já a um estágio em que a humanidade deve ser capaz de fornecer — e até certo ponto fornece — auxiliares invisíveis para si própria, deixando assim livres, para que possam executar obra mais elevada e útil, aqueles seres que são capazes de executá-la.

No momento, porém, há outro fator a ser levado em consideração. No processo de sua evolução, o mundo que, por sua vez, oscila e é ajudado por cada um dos sete grandes Raios, está apenas entrando em um período em que a influência especial do Sétimo desses Raios é dominante; e uma das características mais marcante desse Raio é que ele promove a cooperação entre os reinos humanos e angélicos da Natureza. As comunicações entre esses dois reinos, portanto, tendem a tornar-se mais próximas e mais proeminentes, podendo provavelmente se manifestar na multiplicação de casos de assistência individual e comunicações, bem como na colaboração em magníficos cerimoniais, de vários tipos[11].

É claro, pois, que o auxílio ao qual aqui nos referimos pode muito bem ser prestado por homens e mulheres num estágio especial da sua evolução; não pelos Adeptos, visto que estes

---

[11] Para maiores informações sobre os "Raios", veja LEADBEATER, C. W. *Os Mestres e a Senda*, Brasília: Ed. Teosófica, 2020 e WOOD, Ernest. *Os Sete Raios*, São Paulo: Ed. Pensamento. (N.E.)

são capazes de obra muito maior e mais vastamente útil, e não pela pessoa comum, sem desenvolvimento espiritual notável, porque esse para nada serviria. E exatamente como estas considerações nos levam a esperar, verificamos que este trabalho de auxiliar nos Planos Astral e Mental Superior está nas mãos dos discípulos dos Mestres — indivíduos que, se bem que ainda estejam longe de atingir o grau de Adeptos, estão evoluídos o bastante para poderem funcionar conscientemente nos planos de que se trata.

Alguns deles deram ainda o passo de contemplar os elos entre a consciência física e a dos níveis superiores, e têm, portanto, a indubitável vantagem de lembrarem-se, na vida de vigília, do que fizeram e aprenderam nesses outros mundos; mas há muitos outros que ainda que sejam incapazes de manter ininterrupta a sua consciência, contudo não perdem as horas em que julgam que estão dormindo, pois que as ocupam em trabalho nobre e dedicado em favor dos seus semelhantes.

Do que se trata esse trabalho, é o que passaremos a considerar, mas antes de entrarmos nessa parte do assunto, responderemos primeiro a uma objeção que com muita frequência surge em relação a esse trabalho, e afastaremos também os casos relativamente raros em que os agentes são ou espíritos da Natureza ou indivíduos que abandonaram o corpo físico.

Certos indivíduos, cuja compreensão das noções teosóficas é ainda imperfeita, muitas vezes não sabem se lhes será lícito auxiliar alguém que encontram com tristeza ou em dificuldades, temendo intervir no destino que lhe foi decretado pela absoluta justiça da lei eterna do *Karma*. "*O indivíduo está nessa conjuntura presente*", dizem eles, de fato, "*porque o mereceu; está agora realizando o resultado perfeitamente natural de qualquer mal que tivesse praticado no passado; que direito tenho eu de intervir na ação da grande lei cósmica, tentando melhorar a sua condição, quer no Plano Astral, quer no Físico?*"

Agora, as pessoas boas que fazem essas sugestões revelam, por inconscientemente que o façam, o mais colossal dos orgulhos, porque a sua hipótese envolve duas pressuposições espantosas: a primeira, que sabem exatamente o que tem sido o *Karma* de outro indivíduo, e quanto tempo está decretado que dure o seu sofrimento; e, depois, que eles — os insetos de um dia — possam absolutamente alterar a lei cósmica e evitar a devida operação do *Karma* por qualquer esforço que deles emane. Poderemos estar certos que as grandes divindades *kármicas* podem perfeitamente realizar a sua obra sem o nosso auxílio, e não temos que recear que quaisquer passos que venhamos a dar possam, de qualquer maneira que seja, causar-lhes a menor dificuldade ou perturbação.

Se o *Karma* de um indivíduo é tal que ele não pode ser auxiliado, então os nossos esforços bem intencionados para auxiliá-lo falharão por completo, ainda que, com esse esforço, tenhamos conseguido ganhar bom *Karma* para nós. Nada temos com o que o *Karma* do indivíduo tenha sido; o nosso dever é dar-lhe o auxílio que pudermos, e não temos direito senão ao ato; o resultado está em outras mãos, em mãos superiores. Como podemos nós saber o estado da conta corrente de um indivíduo com o seu destino? Sabemos, por acaso, se ele não acaba de esgotar o seu mau *Karma*, e se não acaba de chegar precisamente ao ponto em que é necessário que nossa mão se estenda para auxiliá-lo, para tirá-lo do seu sofrimento e da sua perturbação? Por que não seremos nós a termos o prazer e o privilégio de prestar-lhe esse grande serviço? Se o podemos, com efeito, auxiliar, isso já mostra que ele mereceu ser auxiliado; mas nunca poderemos saber ao certo, antes de o experimentarmos. De qualquer forma, a lei do *Karma* se encarregará por si mesma, e não precisaremos nos preocupar com isso.

São poucos os casos em que a humanidade tem recebido auxílio dos espíritos da Natureza. A maioria dessas criaturas evita os lugares onde está o ser humano, e retira-se da sua presença, não gostando das suas emanações e desassossego constantes de que ele sempre se cerca. Além disso, exceto em algumas das suas ordens superiores, em geral impensadas e inconsequentes

— mais parecidos com crianças felizes brincando em condições físicas extremamente favoráveis do que como seres sérios e com uma noção da responsabilidade. Às vezes, porém, acontece que um deles simpatiza com determinado ser humano, e presta-lhe vários e bons serviços; mas, no estágio presente de sua evolução, pode haver inteira confiança neste reino da Natureza pelo que respeita a uma cooperação persistente no trabalho dos auxiliares invisíveis. Se o leitor quiser aprofundar este assunto dos espíritos da Natureza, irá consegui-lo consultando o quinto dos nossos *Manuais Teosóficos*[12], e no livro *O Lado Oculto das Coisas*[13].

Novamente, às vezes, o auxílio é dado por aqueles que partiram recentemente — aqueles que ainda pairam no Plano Astral e estão ainda em contato próximo com as coisas deste mundo, como (provavelmente) no caso, acima citado, da mãe que evitou que os filhos caíssem em um poço. Mas não é difícil compreender que a quantidade desta ordem disponível de auxílio não pode deixar de ser extremamente restrita. Quanto mais altruísta e dedicada uma pessoa tenha sido neste mundo, tanto menos provável é que ela se encontre, depois da morte, pairando em plena consciência nos níveis inferiores do Plano Astral, de onde a Terra é mais prontamente acessível. Em qualquer hipótese, a não ser que fosse um indivíduo excepcionalmente mau, pequena seria a sua estadia naquele nível de onde, apenas, seria possível qualquer intervenção nos assuntos terrestres; e, conquanto desde que o mundo celeste ainda possa derramar uma influência benigna sobre aqueles a quem tem amado na Terra, essa influência benigna, em geral, será antes de tudo da natureza de uma emanação benéfica de caráter geral, do que a de uma força que produza resultados definidos num caso específico, como qualquer daqueles a que nos temos referido.

Mais uma vez, muitos dos mortos, que desejam auxiliar alguém que deixaram neste mundo, sentem-se inteiramente in-

---

[12] LEADBEATER, C. W. *O Plano Astral*. Brasília: Ed. Teosófica, 2017. (N.E.)
[13] LEADBEATER, C. W. *O Lado Oculto das Coisas*, Brasília: Ed. Teosófica, 2020. (N.E.)

capazes de influenciá-lo de qualquer maneira, visto que, para agir desde um plano sobre uma entidade em outro, se exige ou uma grande sensibilidade da parte dessa entidade, ou certa dose de conhecimento e de experiência da parte do operador. Por isso, ainda que não sejam raros os casos de aparições pouco depois da morte, é difícil encontrar um caso em que essa aparição da pessoa recém-morta tenha sido realmente útil, ou tenha conseguido realizar sobre o amigo ou parente visitado a impressão desejada. Está claro que há casos desses — bastantes mesmo, se chegarmos a coligi-los; mas são muitos se os compararmos com o grande número de espectros que têm conseguido manifestar-se. De modo que pouco é o auxílio que os mortos prestam — de resto, como em breve se explicará, é muito mais comum serem eles os que precisam de auxílio, do que realmente quem o possa prestar.

Atualmente, portanto, a maior parte do trabalho que tem de ser feito, nesta direção, fica a cargo daquelas pessoas vivas que são capazes de agir conscientemente sobre o Plano Astral.

5. A Realidade da Vida Superfísica

Parece difícil àqueles que estão acostumados apenas às tendências usuais, e um tanto ou quanto materialistas, do século dezenove, acreditar e compreender perfeitamente uma condição de perfeita consciência fora do corpo físico. Pelo menos, todo cristão deve, pelas exigências da sua própria crença, acreditar que possui uma alma; mas, se você lhe sugerir a possibilidade de que essa alma seja uma coisa suficientemente real para que possa tornar-se visível, em certas condições, sem ter a ver com o corpo, quer durante a vida ou depois da morte, é quase certo que ele lhe responderá, desdenhosamente, que não acredita em espectros, e que uma ideia dessas não passa de uma sobrevivência anacrônica de uma extinta superstição medieval.

Se, portanto, quisermos compreender a obra do grupo de auxiliares invisíveis, e mesmo aprender como tomar parte nela, devemos libertar-nos dos trilhos do pensamento contemporâneo, refletir sobre esses assuntos e tentar abranger a grande verdade (para muitos de nós já um fato demonstrado) de que o corpo físico não passa, na realidade, de um instrumento ou veste do verdadeiro ser humano. É abandonado de vez, quando morremos, mas também é abandonado temporariamente quando adormecemos — o adormecer não consiste senão no fato do real indivíduo sair, no seu instrumento astral, para fora do seu corpo físico.

Torno a repetir que não se trata de uma mera hipótese ou conjectura engenhosa. Há entre nós muitos que são capazes de praticar (e todos os dias de fato praticam) esse ato elementar de magia com plena consciência — que passam de um plano para outro pela ação da vontade; e, isso uma vez compreendido, tornar-se-á evidente o quão grotescamente absurdo parecerá para eles a afirmação comum e impensada de que tal coisa é totalmente impossível. É como dizer a um indivíduo que ele não pode adormecer e que, se alguma vez o julgou ter feito, estava sendo vítima de uma alucinação.

Agora, o indivíduo que ainda não desenvolveu o elo entre a consciência física e a astral, é incapaz de abandonar quando quiser o seu corpo mais denso, e de recordar-se da maioria das coisas que lhe acontecem quando fora dele; mas continua sendo coisa certa que ele o abandona sempre que adormece, e que qualquer clarividente instruído poderá vê-lo pairando acima dele ou vagueando a uma distância maior ou menor, conforme as circunstâncias.

O indivíduo inteiramente não desenvolvido, em geral, paira a pouca distância acima do seu corpo físico, quase tão adormecido quanto ele, e em estado relativamente amorfo e incipiente, e não podendo ser levado para uma pequena distância que seja desse corpo físico, sem que se lhe cause um desconforto grave que daria, aliás, o resultado de acordá-lo. À medida, porém, que o indivíduo se desenvolve, o seu corpo astral torna-se mais definido e consciente, transformando-se, assim, em um instrumento mais adequado para ele. No caso da maioria das pessoas inteligentes e cultas, o grau de consciência já é bastante elevada, e um indivíduo é tão plenamente ele próprio naquele veículo como o é em seu corpo mais denso, se possui um desenvolvimento espiritual

Mas ainda que possa ter plena consciência no Plano Astral durante o sono, e ali deslocar-se livremente quando assim o desejar, não significa que esteja já em condições de fazer parte do grupo de auxiliares. A maioria das pessoas, neste estágio, está tão preocupada com os seus pensamentos — em geral uma continuação das suas preocupações de vigília — que é como um indivíduo em devaneio, tão absorto, que está praticamente desatento ao que está acontecendo ao seu redor. E por muitas razões é bom que assim seja, porque há muitas coisas no Plano Astral que podem assustar e desvairar qualquer indivíduo que não tenha a coragem, nascida do pleno conhecimento quanto à natureza real daquilo que ali poderia ser visto.

Às vezes um indivíduo pouco a pouco desperta para esta condição — acorda, por assim dizer, para o mundo astral que o cerca — mas o mais comum é ele permanecer nesse estado até que alguém, que já esteja ativo lá, o acorde e o tome a seu cargo. Isso não é, contudo, uma responsabilidade que possa ser levemente assumida, pois, enquanto seja relativamente fácil despertar um indivíduo no Plano Astral, é quase impossível, exceto pelo exercício, aliás, muito pouco recomendável, de influência mesmérica, fazê-lo adormecer outra vez. De modo que, um dos membros do grupo de auxiliares invisíveis que acorde, dessa forma, um indivíduo adormecido, deve primeiro adquirir a plena certeza de que esse indivíduo dará bom emprego aos poderes adicionais de que se achar investido, e também de que os seus conhecimentos e a sua coragem são o bastante para que seja razoavelmente certo de que nenhum mal lhe advirá de assim ser despertado.

Esse despertar, assim realizado, colocará um indivíduo em condições de fazer parte, se assim o desejar, do grupo daqueles que auxiliam a humanidade. Convém, porém, não esquecer que esse poder não traz, necessariamente, e nem mesmo de forma geral, a capacidade de recordar-se, em vigília, de qualquer coisa realizada no Astral. Essa capacidade tem que ser alcançada pelo indivíduo que a adquirir por si próprio, e na maioria dos casos não aparece senão anos depois — talvez apenas em uma outra vida. Mas, felizmente, esta falta de memória corpórea de forma alguma impede o trabalho fora do corpo, de modo que, exceto pela satisfação que um indivíduo tem de conhecer, em vigília, qual a obra que esteve realizando durante o sono, não é uma questão de importância. O que realmente importa é que esse trabalho deve ser feito, não que nos lembremos de quem o fez.

6. Uma Intervenção a Tempo

Apesar da grande variedade que há nos trabalhos a realizar no Plano Astral, tudo é direcionado para um grande fim — o auxílio, por pequeno que seja, aos processos evolutivos. Ocasionalmente, está relacionado ao desenvolvimento dos reinos inferiores, que é possível acelerarem ligeiramente em certas condições. Todos os nossos dirigentes Adeptos reconhecem nitidamente que temos um dever para com esses reinos inferiores, tanto elementais, como animais ou vegetais, visto que é apenas pelo contato com o indivíduo, ou o uso por ele, que o progresso desses reinos se realiza.

Mas como é natural, a parte maior e mais importante do trabalho relaciona-se, de um modo ou de outro, com a humanidade. Os serviços prestados são de muitas e variadas espécies, mas preocupam-se, principalmente, com o desenvolvimento espiritual do ser humano, visto que são relativamente raras as intervenções físicas do gênero relatadas nos capítulos anteriores. Essas intervenções, porém, dão-se às vezes, e, ainda que seja meu propósito antes acentuar a possibilidade de dar auxílio moral e mental aos nossos semelhantes, será talvez conveniente citar um ou dois casos em que amigos, pessoalmente conhecidos por mim, prestaram auxílio físico àqueles que deles muito precisavam, e isto, para que se veja como estes exemplos, extraídos da experiência dos auxiliares, estão de acordo com os relatos dados por aqueles que receberam o auxílio sobrenatural — tais relatos, quero dizer, como os que se encontram na literatura das chamadas "ocorrências sobrenaturais".

No decurso da pequena rebelião em Metabeland, uma pessoa pertencente à nossa Sociedade foi enviada a uma missão de misericórdia, e este exemplo poderá servir como ilustração da maneira pela qual o auxílio, nesse plano, tem sido ocasionalmente prestado. Parece que certa noite, um lavrador e a família estavam tranquilamente dormindo, julgando-se inteiramente seguros, e ignorando que a uma distância de poucas milhas, algumas hordas de selvagens encontravam-se emboscados, elaborando planos horrendos de assassínios e rapina. A missão da nossa auxiliar era a de tentar, de uma maneira ou de outra, dar à família adormecida uma noção do terrível perigo que tão inesperadamente a ameaçava, e esta tarefa não foi muito fácil.

Uma tentativa de incutir a ideia de perigo iminente no cérebro do lavrador falhou por completo, e, como a urgência do caso parecia exigir uma intervenção decisiva, a nossa amiga decidiu materializar-se o bastante para sacudir pelo ombro a esposa do lavrador e levá-la a acordar e a olhar em redor. Logo que viu que conseguira o seu fim, desapareceu, e a esposa do lavrador nunca conseguiu saber qual foi o vizinho que a acordou assim oportunamente, salvando as vidas de toda a família, a qual, se não fosse essa misteriosa intervenção, teria sido inevitavelmente massacrada na cama, meia hora depois; nem conseguiu essa senhora ainda compreender como é que esse amigo desconhecido conseguiu entrar em casa, quando estavam fechadas e trancadas todas as portas e janelas.

Dessa forma, abruptamente acordada, a esposa do lavrador esteve meio inclinada a acreditar que aquilo não passava de um sonho; no entanto, ela se levantou e olhou em volta apenas para certificar se tudo estava bem. E, felizmente, foi o que ela fez, pois, não tendo encontrado nada de anormal dentro da casa, logo que abriu a janela, viu o clarão de uma conflagração distante. Imediatamente acordou o marido e o resto da família, e todos, devido a essa intervenção a tempo, puderam fugir para um esconderijo próximo, isto minutos antes de chegarem a horda de selvagens, que destruíram a casa e devastaram os campos, mas não conseguiram dar com as presas humanas que buscavam. Fácil imaginar a sensação da auxiliar quando, pouco tempo depois, leu nos jornais uma notícia da salvação providencial desta família.

7. A História do Anjo

Outro caso de intervenção no Plano Físico, que se deu há pouco tempo, constitui uma linda história, porém desta vez trata-se da salvação apenas de uma vida. São necessárias algumas palavras preliminares que a expliquem. Entre o nosso grupo de auxiliares aqui na Europa há dois que foram irmãos no Egito antigo, há muito tempo, e que ainda são muito afeiçoados um ao outro. Na sua atual encarnação, há uma grande diferença de idade entre eles, sendo que um já está a caminho da meia-idade e o outro não passa de uma criança no seu corpo físico, embora seja um Ego de bastante desenvolvimento e que muito promete. Como é de supor, ao mais velho compete o papel de instruir e orientar o outro no trabalho oculto a que ambos são tão dedicados, e como são ambos inteiramente conscientes e ativos no Plano Astral, passam a maior parte do tempo, em que os seus corpos físicos estão adormecidos, trabalhando sob a direção do seu Mestre comum, e prestando o auxílio que está ao seu alcance, tanto aos vivos, quanto aos mortos.

Citarei o relato do caso especial que desejo contar de uma carta escrita pelo mais velho dos dois auxiliares, imediatamente após a ocorrência, visto que a descrição feita é muito mais vívida e pitoresca do que seria qualquer outra. "Estávamos discutindo alguns assuntos, quando Cyril de repente exclamou: o que é isto?, pois que tínhamos ouvido um grande grito de dor ou de medo. Num momento estávamos no local, e vimos que um garoto de uns onze ou doze anos tinha caído de um rochedo para cima de outros rochedos mais abaixo, ficando muito ferido. Tinha quebrado uma perna e um braço, coitadinho, mas o pior era um rasgão enorme numa coxa, de onde o sangue estava saindo em borbotões. Cyril exclamou: 'Depressa, vamos auxiliá-lo, senão ele morre!'"

"Em emergências como essa, é preciso pensar rápido. Evidentemente havia duas coisas a fazer; o sangue precisava ser estancado, e tinha que se obter auxílio físico. Fui obrigado a materializar Cyril, pois precisávamos imediatamente de mãos físicas para fazer um curativo e, além disso, parecia melhor que o pobre garoto visse alguém ao seu lado em seu problema. Senti que, sem dúvida, ele se sentiria mais à vontade com Cyril do que comigo, e eu era, provavelmente, o mais apto a procurar socorro; de modo que era evidente qual devia ser a divisão de trabalho".

"O plano deu um magnífico resultado. Materializei Cyril imediatamente (ele ainda não sabe fazê-lo por si) e disse-lhe para pegar o lenço do rapaz, atá-lo na coxa e apertá-lo com um pedaço de madeira. 'Mas não irá doer muito'?, disse Cyril; porém, colocou isso em prática, e o sangue parou de correr. O garoto ferido parecia estar quase sem sentidos, e mal podia falar, mas ergueu os olhos para a pequena figura luminosa que tão ansiosamente se debruçava sobre ele, e perguntou: 'Você é um anjo'? Cyril sorriu maravilhosamente e respondeu: 'Não, sou apenas um menino, mas vim socorrê-lo'; e então o deixei ali para confortar o ferido, enquanto corri à procura da mãe do rapaz, que morava cerca de uma milha de distância".

"Você mal pode acreditar no trabalho que tive para meter na cabeça da mulher a convicção de que algo estava errado, e de que ela deveria ver o que era; mas por fim ela atirou para o lado o tacho que estava limpando, e disse em voz alta: 'Não sei o que é isto que sinto, mas não posso deixar de ir procurar o rapaz'. Uma vez que ela se colocou a caminho, eu pude guiá-la sem grande dificuldade, ainda que, durante todo esse momento, tivesse de manter Cyril no seu estado de materializado, pela força da minha vontade, para que o anjo da pobre criança não desaparecesse repentinamente diante de seus olhos".

"Você bem vê, quando a gente materializa uma forma qualquer, não faz senão passar a matéria do seu estado natural para outro — opondo-se, por assim dizer, temporariamente, à vontade cósmica; de modo que, se, por meio segundo que seja, desviarmos dali a atenção, a matéria imediatamente regressa à sua condição original. Assim, eu não poderia dar à mulher mais do que metade da minha atenção, mas de uma maneira ou de outra, sempre consegui levá-la pelo caminho preciso, e mal ela virou o rochedo, deixei Cyril desaparecer; mas ela o viu, e agora aquela aldeia tem uma das histórias mais bem testemunhadas de intervenção angélica que se pode encontrar!"

"O desastre ocorreu de manhã cedo, e na noite do mesmo dia espreitei (astralmente) essa família para ver como as coisas estavam correndo. A perna e o braço do pobre rapaz haviam sido tratados, o susto havia passado, e ele estava na cama com um aspecto muito pálido e enfraquecido, mas, ao que se via, indicando um restabelecimento futuro. Achavam-se lá umas vizinhas, e a mãe contava-lhes a história; e uma curiosa história, para alguém que conhecia os fatos reais".

Ela explicou, num relato muito prolixo, que não sabia o que era, mas de repente sentiu qualquer coisa que a fez crer que algo tinha acontecido ao menino, e que ela tinha por força procurá-lo; que a princípio achou aquilo um disparate, e tentou afastar a ideia, "mas não pôde resistir — foi forçada a ir". Contou que não sabia o motivo de ter tomado aquele caminho, ao invés de qualquer outro, mas foi o que aconteceu, e, ao virar a esquina, ela o viu deitado contra uma pedra, e ajoelhado ao lado dele, animando-o, "a mais linda criança jamais vista por ela, vestida de branco e a brilhar, com faces rosadas e lindos olhos castanhos"; e como ele sorriu para ela "como um anjo", e de repente não estava mais lá, e a princípio ela ficou tão assustada que não sabia o que pensar; mas de repente sentiu o que era, e caiu de joelhos dando graças a Deus por ter mandado um dos Seus anjos socorrer o seu pobre filhinho.

"Depois contou como o levantou para levá-lo para casa; queria tirar o lenço que lhe apertava a perna, mas ele não deixou, porque disse que o anjo havia amarrado e que havia lhe dito para não tocá-lo; e quando depois ela contou isto ao médico, ele lhe explicou que, se tivesse tirado o lenço, o rapazinho teria morrido com certeza".

Auxiliares Invisíveis   45

"Então, ela repetiu a parte da história contada pelo garoto — como, logo depois dele cair, apareceu-lhe aquele anjo tão bonito (ele soube que era um anjo porque não havia ninguém à vista, dentro de oitocentos metros de distância, quando ele estava em cima do rochedo — só se admirava de que o anjo não tivesse asas e dissesse que era apenas um garoto) — como o levantou e o encostou à rocha e lhe atou a perna e depois começou a conversar com ele e a dizer-lhe que não se assustasse, porque alguém tinha ido buscar a mãe, e que dali a pouco ela chegaria; como o anjo o beijara e o tentara animar, e como manteve a mão em sua pequena mão, macia e quente, enquanto lhe contava histórias estranhas e belas, de que não se lembrava, mas que sabe que eram muito belas, porque quase havia esquecido de que estava ferido, até chegar a mãe; e como então o anjo, tendo-lhe assegurado que em breve estaria bem, havia sorrido, apertado sua mão, e, não sabe como, desaparecido".

"Desde então, tem havido naquela aldeia uma revivescência religiosa! O Ministro deles disse-lhes que uma intervenção tão nítida da providência divina deve ter sido feita de propósito para fechar a boca dos zombeteiros e provar a verdade das sagradas escrituras e da religião cristã — e ninguém parece ter notado o colossal conceito envolvido em uma afirmação tão espantosa"!

"Sem dúvida o efeito sobre o garoto foi bom, tanto moral como fisicamente; segundo todos os relatos, ele antes era um menino jovem e descuidado, mas agora sente que o "seu anjo" pode estar perto dele, em qualquer ocasião, e por isso não faz ou diz qualquer coisa áspera, grosseira ou violenta, com receio de que ele veja ou ouça. O grande desejo da sua vida é que um dia possa vê-lo novamente, e sabe que, quando morrer, será o seu rosto formoso que primeiro o saudará do outro lado".

Esta é, por certo, uma história interessante e comovedora. A consequência tirada do caso pelas pessoas da aldeia e pelo Ministro, talvez seja um tanto ou quanto improcedente; mas o testemunho com respeito à existência de pelo menos qualquer coisa para além do plano material deve com certeza fazer mais bem do que mal àquela gente, e no fim das contas, as conclusões que a mãe tirou do que viu são perfeitamente certas, ainda que, se ela soubesse mais do que sabe, teria provavelmente referido as coisas por outras palavras.

Um fato interessante, descoberto depois pelas investigações do autor da carta, lança uma curiosa luz sobre as razões subjacentes a incidentes como este. Verificou-se que as duas crianças já haviam se conhecido anteriormente, e que, há milhares de anos, a que caiu do rochedo tinha sido escravo da outra, e uma vez havia salvado-lhe a vida, com risco da própria, e como consequência foi libertado; e agora, tanto tempo depois, o dono não só paga a dívida na mesma moeda, mas também dá ao seu antigo escravo um alto ideal e um estímulo para a moralidade na vida, que provavelmente alterarão todo o curso da sua evolução futura. É tão verdadeiro que nenhuma boa ação fica sem recompensa pelo *Karma*, por mais tardio que possa parecer sua ação —

"Embora os moinhos de Deus moam lentamente;
No entanto, eles moem um pó muito fino;
Por pacientemente que Ele espere,
Com exatidão, Ele mói tudo."

8. História de um Incêndio

Outro trabalho executado pelo mesmo menino, Cyril, apresenta um paralelo quase exato com alguns dos relatos dos livros que citei nas páginas antecedentes. Parece que, uma noite, ele e o seu amigo mais velho estavam tratando do seu trabalho usual, quando notaram, embaixo, o clarão de um grande incêndio, o que fez que imediatamente descessem, para ver se podiam prestar algum socorro.

Era um grande hotel que estava em chamas, um edifício imenso nas margens de um grande lago. A casa de muitos andares de altura constituía três lados de um quadrado em torno de uma espécie de jardim, plantado com árvores e flores, enquanto o lago formava o quarto lado. Os dois braços do edifício estendiam-se até o lago, e as grandes janelas nas extremidades quase que tinham uma saliência por cima da água, e, assim, ficava apenas uma passagem muito estreita sob os dois lados.

A frente e os lados eram construídos em volta, no interior dos poços, de modo que, uma vez começado o incêndio, espalhou-se com uma rapidez incrível, e, antes dos nossos amigos o verem durante a viagem astral, todos os andares do meio de cada um dos três grandes blocos estavam em chamas. Felizmente os hóspedes — exceto um garotinho — já tinham sido salvos, conquanto alguns deles tivessem recebido queimaduras e outras contusões.

O garotinho havia sido esquecido em um dos quartos superiores da ala esquerda, porque os pais estavam num baile e não sabiam do fogo, e, como era de se esperar, ninguém mais se lembrou da criança, senão quando era já muito tarde. O fogo tinha atacado de tal maneira os andares médios, daquele lado, que nada se podia fazer para salvá-lo, mesmo se alguém tivesse se lembrado dele, visto que o seu quarto dava para o jardim interior, a que já nos referimos, de modo que ele se encontrava afastado de todo o auxílio de fora. Além disso, ele nem sequer sabia do perigo que corria, porque a fumaça densa e sufocante tinha gradualmente invadido o quarto, que o sono da criança pouco a pouco se tornara mais profundo, até ela estar num estado de inconsciência total.

Neste estado, ele foi descoberto por Cyril, que parece ser especialmente atraído para as crianças que correm risco ou estão em qualquer dificuldade. Ele primeiro tentou fazer algumas pessoas se lembrarem do garoto, mas não o conseguiu; e, em qualquer hipótese, mal se podia conceber que eles o pudessem socorrer, de modo que isto não passava de uma perda de tempo. O auxiliar mais velho então materializou Cyril, como da outra vez, no quarto da criança, e o colocou a acordar e despertar a criança mais do que entorpecida. Depois de muitas dificuldades, isso foi realizado até certo ponto, mas o menino ficou, durante tudo que se seguiu, num estado semiatordoado e semiconsciente, de modo que foi preciso empurrá-lo e guiá-lo, auxiliá-lo e socorrê-lo a cada volta que tinha que dar.

Os dois garotos saíram do quarto para o corredor central que atravessava a ala do edifício, mas, vendo que as chamas que surgiam do chão, e a fumaça, tornavam intransponível a um corpo físico, Cyril fez o outro garoto entrar outra vez para o quarto e sair pela janela através de uma pequena saliência de pedra, de um pé de largura, que percorria toda a extensão do prédio um pouco abaixo das janelas. Por esta saliência, conseguiu guiar o seu companheiro, equilibrando-se em parte na extremidade da saliência e em parte pairando no ar, mas colocando-se sempre do lado de fora do garoto, de modo a evitar-lhe uma tontura ou um receio de queda.

Perto do fim da parte mais próxima ao lago, onde o incêndio parecia ainda não ter avançado muito, entraram por uma janela e tornaram a dirigir-se para o corredor, esperando ainda poder passar pela escada que havia nessa extremidade. Mas também esta estava cheia de fogo e de fumaça; por isto voltaram ao corredor; Cyril aconselhou ao companheiro que conservasse a boca o mais fechada possível, até que chegaram ao longo do poço do elevador ao centro daquela parte do prédio.

O elevador, é claro, estava no fundo, mas eles conseguiram descer pelos rendilhados do ferro dentro do poço até chegarem à parte de cima do elevador. Aqui eles se viram bloqueados, mas felizmente Cyril descobriu uma pequena porta, saindo da gaiola do elevador para uma espécie de sobreloja logo acima do solo. Por essa porta passaram para um corredor, pelo qual o percorreram, o menino quase sufocado pela fumaça; depois, atravessando um dos quartos, saíram pela janela, encontraram-se no topo da varanda que corria em frente ao térreo, entre eles e o jardim.

Dali ficou fácil para eles descerem por uma das colunas e irem para o jardim; mas mesmo ali o calor era intenso e o perigo considerável, quando as paredes começassem a ceder. Por isso Cyril tentou guiar o garoto à roda da extremidade de uma, e depois da outra, das alas; mas, em ambos os casos, as chamas tinham rompido, e era impossível seguir pelo pequeno espaço debaixo das janelas que davam para o lago. Por fim refugiaram-se em um dos botes de recreio que estavam no final de uns degraus que desciam de uma espécie de cais ao fim do jardim; saindo dali, remaram para fora.

Cyril pretendia remar contornando a ala que estava a arder e desembarcar a criança salva; mas ao afastarem-se um pouco da terra, deram com um vapor[14] que passava pelo lago e, então, foram vistos — pois toda a cena estava iluminada pelo clarão do hotel em chamas, tudo estava claro como o dia. O vapor aproximou-se do bote para tirar de lá os garotos; mas em vez dos dois que haviam visto, a equipe encontrou apenas um — pois o seu amigo mais velho havia permitido que Cyril regressasse à sua forma astral, dissipando a matéria mais densa que lhe tinha dado temporariamente um corpo material e por isso ele estava, agora, invisível.

Foi feita uma busca muito cuidadosa, mas nenhum vestígio do segundo garoto foi encontrado, de modo que se concluiu que ele devia ter caído do barco, morrendo afogado, momentos antes dos tripulantes alcançarem o bote. A criança salva perdeu

---

[14] Em inglês *steamers* = antigos vapores movidos à roda. (N.E.)

os sentidos ao chegar a bordo do vapor, de modo que não podia dar informação nenhuma e, quando voltou a si, não pôde dizer senão que tinha visto o outro menino pouco antes de ser salvo, e isso era apenas o que se sabia.

O vapor seguia para uma povoado à margem do lago, a uns dois dias de viagem, de modo que se passou uma semana ou mais antes que a criança salva pudesse ser restituída aos pais, os quais, é claro, julgaram que ele tinha morrido no incêndio, pois apesar de ter sido feito um esforço para impressionar suas mentes com o fato de que seu filho havia sido salvo, não se conseguiu transmitir a eles essa ideia; e, assim, bem se pode calcular a alegria com que eles receberiam a notícia da salvação do garoto.

O menino continua sendo uma criança sadia e feliz, e nunca se cansa de relatar a sua extraordinária aventura. Muitas vezes tem mostrado pena de que o amigo que o salvou tivesse morrido tão misteriosamente, quando todo o perigo já parecia ter passado. De fato, ele sugeriu que talvez ele não tivesse realmente morrido — que talvez ele fosse um príncipe das fadas; mas é claro que esta ideia não suscita nada senão sorrisos tolerantes de superioridade da parte dos seus adultos. O elo *kármico* entre ele e o seu salvador ainda não se descobriu, mas deve sem dúvida existir.

9. Materialização e Repercussão

Ao ler uma história como esta, os estudiosos muitas vezes perguntam se o auxiliar invisível está perfeitamente seguro no meio destas cenas de grande risco — se, por exemplo, este rapaz que foi materializado para salvar outro de um incêndio, não correu também risco — se o seu corpo físico não teria sofrido de qualquer maneira por repercussão, se a sua forma materializada tivesse atravessado as chamas ou caído da saliência elevada em cuja extremidade andou tão despreocupadamente. De fato, visto que sabemos que em muitos casos a relação entre uma forma materializada e um corpo físico é suficientemente próxima para produzir repercussão, não poderia esta ter-se dado neste caso?

Ora, este assunto da repercussão é extremamente abstruso e difícil, e não estamos de modo algum em situação de poder explicar os seus notabilíssimos fenômenos; de resto, para compreender bem o assunto, seria talvez necessário que compreendêssemos as leis da vibração simpática sobre mais planos do que um. Em todo o caso, sempre sabemos, pela observação, alguma das condições que permitem a sua ação e algumas que absolutamente a excluem, e parece-me que temos razões para asseverar que no caso que se contou era de todo impossível.

Para compreendermos a razão desse fato, devemos, primeiro, não esquecer que há pelo menos três variedades bem definidas de materialização, como deve saber todo o indivíduo que tem uma experiência razoavelmente completa do Espiritismo. Não me preocupa agora explicar como é que estas variedades respectivamente se produzem; afirmo apenas o fato indubitável de que existem.

1. Há a materialização que, embora tangível, não é visível à vista física normal. Desta natureza são as mãos invisíveis que tantas vezes nos apertam um braço ou acariciam o rosto numa sessão, que, às vezes, carregam objetos físicos pelo ar ou

dão pancadas na mesa — muito embora, é claro, qualquer destes dois últimos fenômenos possa facilmente se conseguir sem que seja preciso a existência da mão materializada.

2. Há a materialização que, embora visível, não é tangível — a forma do espírito que a nossa mão atravessa como se fosse simplesmente o ar. Em alguns casos, esta variedade é obviamente nebulosa e impalpável, mas há outros em que o seu aspecto é tão completamente normal, que sua tangibilidade não levanta dúvidas até que alguém se esforce para agarrá-lo.

3. Há a materialização perfeita, que é ao mesmo tempo visível e tangível — que não só tem o aspecto exterior do seu amigo falecido, mas que aperta a sua mão com a mesma pressão e gesto, tão bem conhecidos.

Ora, embora haja muitas evidências para demonstrar que a repercussão se dá em certas circunstâncias, no caso desta terceira espécie de materialização, não é de modo algum certo que isso se dê em relação às outras variedades. No caso do auxiliar Cyril, é provável que a materialização não tivesse saído do terceiro tipo, visto que há sempre um grande cuidado em não gastar mais energia do que é absolutamente necessária; e é óbvio que se gasta menos energia na produção de qualquer das formas menos completas a que chamamos a primeira e segunda classes. O mais provável é que só o braço, com que Cyril segurou o seu companheiro, era sólido, e que o resto do seu corpo, por natural que parecesse, resultaria muito menos tangível se tivesse sido testado.

Mas, à parte desta probabilidade, há ainda outro ponto a considerar. Quando uma materialização completa ocorre, seja de um vivo, ou de um morto, é necessário arranjar para isso matéria física de uma espécie qualquer. Numa sessão espírita, essa matéria é obtida tirando-a abundantemente do Duplo Etérico do médium — e às vezes ao seu próprio corpo físico, pois há casos em que o peso do médium tem diminuído ao darem-se manifestações desta espécie.

Este método é empregado pelas entidades dirigentes da sessão simplesmente porque, quando um médium está acessível, é esse o meio mais fácil de conseguir uma materialização; e a consequência é que a conexão mais próxima é estabelecida entre esse médium e o corpo materializado, de sorte que o fenômeno a que (ainda que imperfeitamente o compreendamos) chamamos repercussão, ocorre em sua forma mais nítida. Se, por exemplo, se esfregar giz nas mãos do corpo materializado, esse giz aparecerá depois nas mãos do médium, ainda que ele tenha estado sempre fechado num cubículo qualquer, em circunstâncias que excluam em absoluto a possibilidade de fraude. Se qualquer pancada for dada na forma materializada, essa pancada será exatamente reproduzida na parte correspondente do corpo do médium; e, às vezes, qualquer alimento que a forma-espírito tenha tomado será descoberto no corpo do médium — em minha própria experiência isso aconteceu pelo menos uma vez.

Já não seria nada assim, porém, no que temos estado a descrever. Cyril estava a uma distância de alguns milhares de quilômetros do seu corpo físico adormecido e, portanto, seria inteiramente impossível ao seu amigo tirar desse corpo a matéria etérica precisa, e as próprias regras, sob as quais todos os alunos dos grandes Mestres da Sabedoria executam o seu trabalho de auxiliar os seres humanos, por certo que o impediriam mesmo para o mais nobre dos fins, de impor esse trabalho ao corpo de outrem. Além disso, seria inteiramente desnecessário, porque o método, muito menos perigoso, invariavelmente empregado pelos auxiliares, quando a materialização parece desejável, estaria ao seu alcance — a condensação do éter do ambiente, ou mesmo do ar físico, da matéria necessária para tal fim. Este ato, embora fora do alcance de qualquer das entidades que geralmente se manifestam numa sessão, não apresenta dificuldade nenhuma a um estudioso da química oculta.

Mas repare-se na diferença quanto ao resultado obtido. No caso do médium, temos uma forma materializada em uma conexão mais próxima possível com o corpo físico, construída de sua própria substância e, portanto, capaz de produzir todos os fenômenos de repercussão. No caso do auxiliar, temos na verdade uma reprodução exata do corpo físico, mas criada por uma força mental em matéria inteiramente estranha a esse corpo, e tão pouco capaz, portanto, de agir sobre ele, por repercussão, como o seria uma estátua de mármore do mesmo indivíduo. Assim é que uma passagem através das chamas, ou uma queda de uma janela alta, não representavam nada a temer para o jovem auxiliar, e que, em outra ocasião (como anteriormente lido), outro membro do grupo, apesar de materializado, pôde, sem inconvenientes para o seu corpo físico, ir ao fundo num navio que naufragou.

Em ambos os casos do trabalho do menino Cyril, acima descritos, foi observado que não era capaz de materializar a si próprio, e que essa operação teve de ser realizada por um amigo adulto. Há outra das suas experiências que é digna de se contar, porque nos mostra um caso em que ele foi capaz de demonstrar uma intensa compaixão e determinação da vontade, — um caso parecido com esse outro, que já se relatou, da mãe cujo amor de qualquer forma lhe tornou possível manifestar-se para salvar a vida dos seus filhos.

Por inexplicável que pareça, não há dúvida alguma da existência na Natureza desse estupendo poder de vontade sobre a matéria de todos os planos, de modo que se apenas o poder for grande o suficiente, praticamente qualquer resultado poderá ser produzido por sua ação direta. Há bastante ocorrências para que saibamos que esse poder mantém o seu valor no caso de materialização, embora normalmente seja uma arte que terá de ser aprendida, como qualquer outra. Certamente, um indivíduo comum no Plano Astral é tão pouco capaz de materializar-se sem ter aprendido como isso se faz, do que de tocar violino neste plano sem o ter aprendido; mas há casos excepcionais, como se verá no capítulo seguinte.

10. Os Dois Irmãos

Esta história já foi relatada por uma pena muito mais hábil do que a minha, e com uma abundância de detalhes para o qual não tenho aqui espaço (*Theosophical Review*, novembro de 1897, p. 229). Aconselho o leitor a ler aquele relato, visto que a descrição que farei será um mero esboço, tão breve quanto a clareza o permita. Os nomes não são, é claro, os verdadeiros, mas os incidentes são relatados com um rigor escrupuloso.

Os personagens deste drama são dois irmãos, filhos de um senhor do campo — Lancelot, de quatorze anos e Walter, de onze — esplêndidos meninos de estatura normal, sadios, fortes, sem qualificações "psíquicas" de espécie alguma, salvo possuírem bastante sangue celta. Talvez a coisa mais notável era a singular intensidade da afeição que existia entre eles, pois que eram absolutamente inseparáveis — nenhum deles estava disposto a ir para qualquer parte sem que o outro também fosse, e o mais novo idolatrava o mais velho, como só um menino mais novo é capaz de fazê-lo.

Num dia infeliz, Lancelot caiu do pônei e morreu, e para Walter o mundo ficou vazio. A dor da criança foi tão real e intensa que não queria comer, nem dormir, e tanto a mãe quando a ama já não sabiam o que fazer por ele. Parecia surdo, tanto à persuasão, quanto à reprimenda, quando lhe diziam que a tristeza era um pecado e que o seu irmão estava no céu; ele respondia que eles não podiam estar certos disso e, mesmo que fosse verdade, ele bem sabia que Lancelot não podia ser feliz no céu sem ele, assim como ele na Terra não podia ser sem Lancelot.

Por incrível que pareça, o fato é que a pobre criança estava literalmente morrendo de tristeza, e o que tornava o caso ainda mais comovente é que, durante tudo isto, o irmão estava a seu lado inteiramente consciente da sua tristeza, e ele próprio encontrava-se meio louco pelo fracasso de suas repetidas tentativas de tocá-lo ou de falar com ele.

Na terceira noite após o desastre, as coisas ainda estavam nessa condição lamentável, quando a atenção de Cyril foi direcionada para os dois irmãos — o próprio Cyril não sabia dizer como. "Aconteceu estar passando", diz ele; mas por certo a vontade dos Senhores da Compaixão o guiou até ali. O pobre Walter estava cansado, mas insone — sozinho na sua angústia, ao que sabia, ainda que todo o tempo o seu irmão, tão triste como ele, estivesse a seu lado. Lancelot, livre dos obstáculos da carne, podia ver e ouvir Cyril, de modo que evidentemente a primeira coisa a fazer era minorar a sua dor com uma promessa de amizade e de auxílio para que ele se comunicasse com o irmão.

Assim que o espírito do morto foi animado pela esperança, Cyril voltou-se para o vivo e tentou, com toda a sua força, imprimir-lhe em seu cérebro a certeza de que o irmão encontrava-se ao seu lado, não morto, mas vivo e afeiçoado como antes. Mas todos os seus esforços foram em vão; a pesada apatia do sofrimento de tal modo tomava o espírito de Walter que não havia sugestão possível e Cyril já não sabia o que fazer. Mas tão profundamente o comoveu aquele triste quadro, tão intensa foi a sua compaixão e tão forte a sua vontade de auxiliar de uma maneira ou outra, por muito que lhe custasse, que de repente, e ainda hoje não se sabe como, se encontrou podendo tocar e falar à entristecida criança.

Deixando de lado as perguntas de Walter sobre quem ele era e como é que tinha entrado ali, Cyril foi direto ao assunto, dizendo-lhe que o irmão estava ao seu lado, tentando com toda a sua força fazer-lhe sentir que não estava morto, mas vivo e desejoso de ajudá-lo e confortá-lo. O pobre Walter queria acreditar, porém mal ousava ter essa esperança; mas a insistência de Cyril venceu por fim as suas dúvidas, e ele disse: "Oh! Eu acredito em você, porque você é muito gentil; mas, se eu pudesse vê-lo, então teria toda a certeza, e se eu pudesse ouvir a voz dele dizendo-me que estava feliz, não me importaria nada que ele depois tornasse a desaparecer."

Por mais jovem que estivesse no trabalho, Cyril sabia bastante para estar ciente de que o desejo de Walter não era um que se costumasse conceder, e assim estava começando a explicar-lhe com tristeza, quando de repente sentiu uma Presença que todos os auxiliares conhecem, e, ainda que não se dissesse palavra, sentiu no seu espírito que, em vez do que ia dizer, devia prometer a Walter aquilo que ele desejava. "Espera até que eu volte", disse ele, "e você então o verá". Em seguida, desapareceu.

Esse mero toque do Mestre tinha-lhe mostrado o que fazer e como, e por isso correu a buscar o amigo mais velho que tantas vezes o auxiliara. Este amigo não tinha ainda ido deitar-se, mas ao ouvir o pedido apressado de Cyril, não perdeu tempo em acompanhá-lo e em alguns minutos estavam ambos de volta à cabeceira de Walter. A pobre criança já começava a crer que tudo não passava de um lindo sonho, e por isso foi muito grande e bela a sua alegria e o seu alívio quando Cyril tornou a aparecer. Mas quão mais bela não foi a cena um momento depois, quando, obedecendo a uma palavra do Mestre, o auxiliar mais velho materializou Lancelot e, tanto o vivo, quanto o morto, tornaram a abraçar-se!

Agora, na verdade, para ambos os irmãos, a tristeza se transformou em alegria indizível, e repetidas vezes ambos declararam que nunca mais tornariam a entristecerem, pois que já sabiam, agora, que a morte não tinha o poder de separá-los. A alegria de Walter não se atenuou, mesmo quando Cyril lhe explicou cuidadosamente, obediente a uma sugestão do seu amigo mais velho, que este estranho reencontro físico não se repetiria, mas que todo dia Lancelot estaria perto dele, ainda que este não pudesse vê-lo, e todas as noites Walter sairia do seu corpo para tornar a estar consciente ao pé de seu irmão.

Ao ouvir isto, o pobre e cansado Walter imediatamente caiu no sono, constatando o fato, surpreso, quando com uma rapidez totalmente desconhecida, descobriu que ele e seu irmão podiam voar juntos de um para outro dos lugares que costumavam visitar. Cyril cuidadosamente lhe explicou que provavelmente esqueceria a maior parte destes momentos mais livres, ao acordar na manhã seguinte; mas, por uma extraordinária boa sorte, ele não esqueceu tanto quanto aconteceu como muitos de nós. Talvez o impacto da grande alegria experimentada, despertou nele as faculdades "psíquicas" latentes que pertencem ao sangue celta; de qualquer forma, ele não esqueceu um único detalhe de tudo que acontecera e, no dia seguinte, apareceu logo de manhã, naquela casa de luto, com uma história maravilhosa que pouco se ajustava àquela atmosfera de tristeza.

Os pais julgaram que a tristeza havia mudado seu cérebro e, visto que ele agora é o herdeiro, há muito tempo, ansiosos, esperavam por mais sintomas de insanidade, que felizmente não se revelaram. Eles ainda o consideravam um monomaníaco neste ponto, embora reconheçam plenamente que a sua "ilusão" salvou-lhe a vida; mas a sua velha babá (que é católica) manteve-se firme na crença de que tudo que ele dizia era verdade — que Jesus Cristo, que também foi Menino, se compadeceu dessa outra criança, ao vê-la morrendo de tristeza, e mandou um dos Seus trazer-lhe outra vez o irmão, como recompensa a um amor mais forte do que a morte. Às vezes, a superstição popular aproxima-se muito mais da essência das coisas do que o ceticismo culto!

E a história não termina aqui, porque a boa obra iniciada esta noite ainda dura e progride, nem se pode medir até onde possa ir a influência desse ato. A consciência astral de Walter, uma vez assim inteiramente desperta, permanece em atividade; todas as manhãs ele traz para o seu cérebro físico a memória dos seus passeios noturnos com o irmão; todas as noites encontram o seu amigo Cyril, com quem tanto têm aprendido a respeito do maravilhoso mundo novo que ante eles se abriu, e dos outros mundos vindouros ainda superiores a esse. Guiados por Cyril, eles — o vivo e o morto — se tornaram membros ativos e prestativos do grupo de auxiliares; e provavelmente durante muitos anos ainda — enquanto o jovem e forte corpo astral de Lancelot não se desintegrar — muitas crianças doentes terão razão para serem gratas a esses três que estão tentando comunicar a outros uma parcela da alegria que eles próprios receberam.

Nem é só aos mortos que estes novos convertidos têm sido prestativos, pois procuraram e encontraram outras crianças vivas que revelam consciência no Plano Astral durante o sono, e pelo menos um daqueles, que assim foi trazido a Cyril, se revelou um recruta valioso para o grupo das crianças, assim como um esplêndido amiguinho aqui no Plano Físico.

Aqueles a quem estas ideias representam uma novidade, às vezes acham difícil de compreender como é que crianças podem ser úteis no mundo astral. Visto, dizem eles, que o corpo astral de uma criança deve ser pouco desenvolvido, e, de que modo um Eu, limitado desta forma, em razão da infância, tanto no Plano Astral como no Físico, pode ser útil, ou capaz de contribuir para a evolução espiritual, mental e moral da humanidade, que, segundo nos dizem, é o principal cuidado dos auxiliares?

Quando primeiro se formulou esta pergunta, pouco depois da publicação de uma destas histórias na nossa revista, transmiti-a ao próprio Cyril, para ver o que ele responderia; a sua resposta foi esta: "É certo, como diz o escritor, que eu não passo de um menino e que, por enquanto, sei pouco, e que serei muito mais útil quando souber mais do que sei. Mas já sou capaz de fazer alguma coisa, porque há muita gente que ainda não sabe nada a respeito da Teosofia, embora possa saber muito mais do que eu, a respeito de todas as outras coisas. E, bem vê, quando a gente quer ir para um lugar qualquer, serve mais um menino que sabe o caminho do que cem sábios que não sabem".

Pode acrescentar-se que, quando mesmo uma criança foi acordada no Plano Astral, o desenvolvimento do corpo astral passaria a dar-se tão rapidamente que dentro em pouco ela ocuparia neste plano uma situação pouco inferior à do adulto acordado, e estaria, é claro, muito além, no que se refere a ser útil, do mais sábio dos homens ainda por despertar. Mas, a não ser que o Eu expresso através daquele corpo infantil possuísse a qualificação necessária de uma disposição forte, mas dedicada, e a tivesse claramente manifestado nas suas vidas anteriores, nenhum ocultista tomaria sobre si a gravíssima responsabilidade de acordá-lo no Plano Astral. Quando, porém, o seu *karma* é tal que é possível que Ele seja desperto, as crianças revelam-se muitas vezes auxiliares de primeira ordem, entregando-se ao seu trabalho com uma dedicação que é muito belo de ver. E assim se torna a cumprir a velha profecia: «Uma criança os guiará.»

Outra pergunta que nos ocorre, ao ler esta história dos dois irmãos, é esta: visto que Cyril foi de qualquer modo capaz de se materializar pela pura força do amor e da compaixão, e também da vontade, não é estranho que Lancelot, que há tanto mais tempo tentava comunicar-se, não fosse capaz de fazer a mesma coisa?

Ora, não há, é claro, dificuldade alguma em compreender porque é que o pobre do Lancelot não foi capaz de se comunicar com o irmão, visto que essa inabilidade é simplesmente o estado normal; o que é estranho é que Cyril pudesse materializar-se, e não que Lancelot não pudesse. Não só, porém, era o sentimento provavelmente mais forte no caso de Cyril, mas dava-se também o fato dele saber exatamente o que queria fazer — de saber que era possível uma coisa chamada materialização, e de ter alguma ideia de como isso se fazia — ao passo que Lancelot, como é natural, nada disso sabia até então, conquanto agora já o saiba.

11. Um Suicídio Evitado

Uma noite, um pouco mais tarde do que o habitual, eu estava ditando no meu quarto em Adyar, quando um de nossos jovens auxiliares me chamou (com hora marcada), em seu corpo astral, para acompanhar-me na ronda noturna. Pedi-lhe que esperasse alguns minutos, enquanto terminava meu trabalho com o qual estava envolvido, então ele circulou um pouco pela vizinhança, e pairou sobre a Baía de Bengala. Vendo um navio que passava, ele precipitou-se sobre ele (por mera curiosidade, como ele diz) e, quase imediatamente, sua atenção foi atraída por uma horrível aura cinza, sinal de uma depressão profunda, que se projetava através da porta fechada da cabine. Fiel às suas instruções, ao ver esse sinal de angústia, ele imediatamente começou a investigar melhor e, ao entrar na cabine, encontrou um homem sentado, ao lado de um beliche, com um revolver na mão, erguendo-o até a testa, e em seguida, deitando-se novamente. Imediatamente, o jovem auxiliar achou que algo deveria ser feito, mas como era novo no trabalho, ele não sabia a melhor forma de agir, e então, novamente, entrou chorando em meu quarto (e em grande estado de excitação):

"Venha imediatamente; tem um homem que vai se matar!"

Parei de ditar, joguei meu corpo em um sofá e o acompanhei até o navio. Assim que compreendi o estado das coisas, decidi temporizar, pois precisava retornar e terminar o trabalho em que estava envolvido; então, comovido com a mente do possível suicida, constatei que não era hora de seu temerário ato — que ele iria esperar até a vigília da meia-noite, quando não seria perturbado. Se eu tivesse tentado impressionar o perverso pensamento do suicida, em seu cérebro, ele teria começado a argumentar, e eu não tinha tempo para isso; porém, ele aceitou, instantaneamente, a ideia de adiamento. Deixei meu jovem assistente no comando, dizendo para ele guardar a arma. Em seguida, retornei ao meu corpo e continuei um pouco mais com o ditado, de forma que ele poderia ser, convenientemente, deixado para mais tarde.

Quando se aproximou das doze horas, voltei para aliviar meu jovem auxiliar que se encontrava bastante ansioso, embora tendo me relatado que nada de especial havia ocorrido. O pretenso suicida encontrava-se ainda no mesmo estado de depressão, e sua determinação não havia vacilado. Investigando em sua mente a causa da depressão, descobri que ele era culpado de alguns desvios relacionados às contas do navio, e que, em breve, inevitavelmente, seriam descobertos, e, desta forma, ele não poderia enfrentar a consequente exposição e desgraça. Ele precisava, ou imaginava precisar, do dinheiro para ficar bem com certa jovem, presenteando-a com extravagantes presentes; e, embora a quantidade envolvida não fosse uma soma muita grande, o seu poder de substituir esta quantia ainda estava muito além.

Ele parecia um jovem de bom coração, e tinha atrás de si um histórico bastante limpo (exceto a sua paixão pela garota, que o levara a um erro tão sério), sendo um jovem sensato e honrado. Olhando apressadamente para trás, através de sua história, visando encontrar alguma alavanca que pudesse afastá-lo de sua determinação culposa, descobri que para esse propósito havia um poderoso pensamento, já que em casa ele era o mais querido de uma mãe idosa, entre todos os outros. Era fácil impressionar fortemente a memória da forma de sua mãe, fazê-lo tirar um retrato dela, e depois mostrar a ele como esse ato arruinaria o restante de sua vida, mergulhando-a em uma dor inextinguível, não apenas por perdê-lo no Plano Físico, mas também por causa de suas dúvidas quanto ao destino de sua alma no futuro. Era necessário também descobrir uma maneira de levá-lo a escapar do dilema em que ele havia, tão estupidamente, se colocado; então examinei o capitão do navio a vapor e, achando-o um homem de entendimento e de coração bondoso, pareceu-me viável sugerir um apelo a ele.

Essa foi a ideia que coloquei na mente do jovem — que, para evitar a terrível tristeza que seu suicídio, inevitavelmente, traria ao coração de sua mãe, ele deveria enfrentar a alternativa, quase impossível, de procurar seu capitão, colocar diante dele todo o caso, pedindo, então, uma suspensão temporária do julgamento, até que provasse ser digno de tal clemência. Então o jovem oficial foi, ali mesmo, na calada da noite. Um marinheiro está sempre em alerta, e não foi difícil fazer com que o capitão estivesse acordado e aparecesse à sua porta, no momento certo. Em menos de meia hora a história toda foi contada e, com muitos conselhos paternais do amável capitão, o assunto foi resolvido; foi acordado que o valor seria pago, ao capitão, em prestações que ele pudesse pagar, e assim, foi salva uma vida jovem e promissora.

12. O Garoto Perdido

Para mostrar a diversidade do trabalho astral que se abre diante de nós, mencionarei outro caso em que o mesmo jovem neófito se envolveu, alguns dias depois do descrito anteriormente. Todo trabalhador astral tem sempre à mão certo número de casos regulares, que precisam de visitas noturnas, durante algum tempo, assim como um médico tem uma rotina diária na qual ele atende um número de pacientes; portanto, quando os neófitos são entregues à minha responsabilidade para dar--lhes instrução, eu sempre os levo comigo nessas rondas, assim como um médico mais velho pode levar com ele um homem mais jovem, a fim de ganhar experiência observando como os casos são tratados. Certamente, há outro ensinamento definitivo a ser dado; o iniciante deve passar nos testes de terra, água, ar e fogo; ele deve aprender, pela prática constante, como distinguir entre formas-pensamento e seres vivos; como conhecer e usar as 2.401 variedades de essência elementar; como materializar-se a si mesmo ou a outros, quando necessário; como lidar com as milhares de emergências que estão constantemente surgindo; acima de tudo, ele deve aprender, sob determinada circunstância, a nunca perder o equilíbrio ou a se permitir sentir o mínimo toque de medo, por mais alarmantes ou incomuns que sejam as manifestações que ocorram. A principal necessidade para um trabalhador astral é sempre manter o controle da situação, seja ela qual for. Ele também deve estar cheio de amor e desejo de auxiliar; pois, ele será enviado a mim, somente se o candidato já os possuir.

Uma noite, eu estava indo visitar alguns dos meus casos regulares, e estava passando por uma parte pitoresca e monta-nhosa do país. Meus neófitos atendentes percorriam e varriam áreas da terra adjacente, como fazem — assim como um *fox terrier* corre à frente, retorna e faz excursões de cada lado, cobrindo três ou quatro vezes o chão pisado pelo homem a quem ele acompanha. Meu jovem amigo, que alguns dias antes salvara a vida de um policial, subitamente se apressou em sua maneira impulsiva de dizer que havia descoberto algo errado — um garoto morrendo embaixo da terra, como ele disse.

As investigações logo revelaram uma criança, de talvez oito anos de idade, perdida nos recantos mais íntimos de uma enorme caverna, longe da luz do dia, aparentemente morrendo de fome, sede e desespero. O caso lembrou-me um pouco da história do anjo no capítulo 7, e parecia muito exigir o mesmo tipo de tratamento; então, nessa ocasião, como naquela, materializo o jovem auxiliar — não Cyril desta vez, mas um garoto de outra raça. Nesse caso, era necessário também fornecer uma luz, pois estávamos, fisicamente, na escuridão total; então a criança, meio desmaiada, foi despertada de seu estupor ao encontrar um garoto com uma lanterna incrivelmente brilhante inclinada sobre ele. A primeira e mais premente necessidade era, obviamente, água, e havia um riacho não muito longe, embora a criança exausta não pudesse alcançá-lo; não tínhamos copo; nós poderíamos ter feito um, é claro, mas meu neófito ansioso não pensou nisso, porém, correu e trouxe um gole de água em suas mãos vazias. Isso reviveu tanto a criança que ele foi capaz de se sentar e, depois de mais duas porções iguais de água, ele conseguiu falar um pouco.

Ele disse que morava no vale próximo, mas subindo pela terra e olhando em volta (deixando meu menino materializado para animar a vítima, para que ele não se sentisse abandonado), não consegui encontrar nada que respondesse à sua descrição, e eu tinha que voltar para a criança e fazê-lo pensar em sua casa, de modo a ter uma imagem mental dela, e depois sair novamente com a imagem fotografada em minha mente. Então eu encontrei a casa, porém, mais longe do que ele havia descrito. Havia várias pessoas lá; eu tentei impressioná-las com a situação da criança, mas infelizmente não tive sucesso; nenhuma delas parecia nem um pouco receptiva e eu não podia transmiti-las minhas ideias, claramente. Elas estavam muito preocupadas com a ausência da criança e procuravam por ele; na verdade, elas haviam acabado de reunir alguns vizinhos dos vales para realizarem uma busca mais completa; e talvez tenha sido em parte por causa de sua preocupação que eles fossem irremediavelmente impenetráveis. A persistência por um tempo suficiente, provavelmente, teria derrubado as barreiras, mas o estado da criança não nos deixou tempo para isso, então eu abandonei as tarefas e procurei alimentos disponíveis para desmaterializar, pois eu sentia que ela tinha direito a isso, portanto, não seria desonesto tirá-los, já que ali era o seu lar. Escolhi apressadamente um pouco de pão, um pouco de queijo e duas finas maçãs grandes, e me apressei de volta à caverna, e novamente materializei essas diversas comidas nas mãos ansiosas do meu neófito, que passou, então, a alimentar a criança. Logo que teve todas as suas necessidades atendidas, a criança rapidamente terminou todos os pedaços que eu trouxera; e pediu mais. Eu temia que, depois de um jejum prolongado, causasse mais mal do que bem, então disse ao meu representante para dizer que ele não tinha mais, e que devíamos tentar sair da caverna.

Em vista disso, sugeri ao meu menino que perguntasse ao outro menino como ele havia chegado lá. Sua história era a de que ele andava pelas colinas de um vale perto de sua casa, e observara uma pequena caverna na encosta da colina, algo que ele, até então, nunca havia notado. Naturalmente, ele entrou para investigar, mas não andou mais do que alguns metros quando o chão da caverna cedeu sob ele, sendo, então, precipitado abaixo a uma caverna muito mais vasta. Pelo seu relato, ele deve ter ficado atordoado por um tempo, pois quando ele "acordou", como ele disse, estava muito escuro, e ele não podia ver o buraco pelo qual havia caído. Inspecionamos depois o local, e nos perguntamos como ele não havia se machucado gravemente, pois a queda foi considerável; mas o chão deve ter cedido ao pisá-lo, pelo fato de uma massa de terra macia ter caído debaixo dele.

Era impossível trazê-lo para cima, pois os lados da caverna eram lisos e perpendiculares; além disso, ele vagara por dois

Auxiliares Invisíveis 67

dias inteiros entre as galerias e agora estava a alguns quilômetros daquele local. Depois de muita pesquisa, encontramos, a uma distância razoável, um lugar onde um pequeno riacho passava da caverna para o ar livre na encosta; a criança, agora fortalecida por comida e bebida, conseguiu caminhar até lá, e os dois meninos logo ampliaram a abertura com as mãos, de forma que ele pudesse sair rastejando. Era evidente que agora ele seria capaz de encontrar o caminho de volta para casa e, de qualquer forma, esperávamos poder influenciar alguns dos buscadores a virem nessa direção, pelo que essa parecia ser uma oportunidade favorável para estimular aquele grupo de pessoas.

O pai tinha em sua mente um plano fixo de busca — examinar os vales em certa ordem — e nenhuma sugestão nossa poderia fazê-lo desviar-se dele; mas, felizmente havia no grupo um cachorro que se mostrou mais impressionável e, quando ele agarrou a calça de um dos homens da fazenda e tentou atraí-lo em nossa direção, o homem pensou que poderia haver alguma razão para isso, e assim cedeu, seguindo, então, o cachorro. Assim, quando a criança saiu em segurança da caverna, o homem e o cachorro já estavam a poucos quilômetros. A criança naturalmente implorou a seu misterioso amigo recém-encontrado para acompanhá-lo até sua casa, e se agarrou a ele com tocante gratidão, mas o auxiliar foi gentilmente obrigado a dizer-lhe que não podia fazer isso, pois tinha outros assuntos; porém, ele transportou o menino para o topo de uma cordilheira, da qual ele podia ver do outro lado do vale, de longe, a fazenda. Um grito logo atraiu sua atenção e, assim que ele foi confirmado, o nosso jovem auxiliar se despediu do garoto resgatado, fazendo-o correr, fracamente, em direção a seus amigos, e rapidamente se desmaterializou.

O pequeno menino, que foi auxiliado, nunca teve a menor ideia de que seu salvador era tudo, menos puramente físico; ele fez uma ou duas perguntas inconvenientes, mas foi facilmente desviado do perigoso terreno. Talvez seus parentes, quando ele contou a sua história, tenham encontrado mais dificuldade do que ele, ao explicar a presença, em um lugar solitário, de um ocasional estranho, de aparência decididamente não bucólica; mas, de qualquer forma, será impossível, neste caso, trazer qualquer evidência definitiva da intervenção não física.

13. A História de Ivy

A heroína desta história, cujo nome é Ivy, é uma das nossas melhores trabalhadoras no Plano Astral. Durante a vida terrena, ela foi membro de um dos nossos Círculos de Lótus, e seu trabalho é um bom exemplo do bem que esses círculos podem fazer. Ela era uma garota brilhante e animada, musical, artística e atlética — também uma elocucionista inteligente; mas, acima de tudo, uma menina totalmente boa, gentil e afetuosa, e disposta a esforçar-se para ajudar os outros; e uma pessoa que tem essa característica no Plano Físico sempre ajuda muito no Astral. Tenho certeza de que ela levaria uma vida exemplar e útil, nesse Plano, se seu *Karma* tivesse funcionado dessa maneira, mas não é concebível que, nesse caso, ela pudesse ter encontrado a oportunidade, mesmo durante uma longa vida, de fazer qualquer coisa que se aproximasse à quantidade de bem que ela já fez no Plano Astral, desde sua morte. Não preciso entrar em detalhes sobre isso; basta dizer que, aos dezoito anos, em um acidente de iate, ela afogou-se. Assim que recuperou a consciência, ela foi diretamente a Cyril, que é seu *guru* especial, e logo após consolar seus parentes e amigos, ela exigiu que fosse treinada para o trabalho regular. Essa era uma de suas características mais agradáveis e, embora tivesse grande originalidade e criatividade, ainda era muito humilde quanto às suas próprias qualificações, mas disposta a aprender exatamente como trabalhar, e zelosa por aprender e compreender.

Ivy gosta especialmente de crianças, e seu campo de utilidade reside, principalmente, com meninas de sua idade, e ainda mais jovens. Ela estava profundamente interessada em criar formas-pensamento para as pessoas, e adquiriu faculdades excepcionais nesse sentido. Ela cuida de casos de crianças que à noite têm medo, e de outras que têm pensamentos perturbadores de orgulho, de ciúmes ligados à sensualidade. Na maioria delas, Ivy descobre na criança o seu ideal mais elevado ou o seu maior herói ou heroína, e, então, cria uma forte forma-pensamento desse ideal, definindo-o para atuar como um anjo da guarda dessa criança.

Então, este trabalho torna-se regular, e, em horário determinados, Ivy revive todas essas formas-pensamentos, de modo a mantê-las sempre, completamente à altura de seu trabalho. Dessa maneira, ela realmente tem sido a salvação de muitos filhos. Conheço um caso em que ela foi capaz de verificar a insanidade incipiente, e outros dois em que, se não fosse por seus auxílios, certamente teria ocorrido morte prematura, além de muitos outros em que o temperamento foi aprimorado, além de qualquer reconhecimento. De fato, é impossível não falar muito bem do bom trabalho que ela fez dessa forma.

Outra das suas atividades era a de atrair aqueles que não esqueceram a própria infância. Muitas crianças vivem constantemente em uma espécie de devaneio cor-de-rosa — "contando histórias a si mesmas", como às vezes elas mencionam. O menino imagina-se como o herói de todos os tipos de aventuras emocionantes — a figura central em cenas de glória, naval, militar ou atlética; a menina imagina ser adorada por multidões de cavaleiros e cortesãos, ou pensa em si mesma como maravilhosamente vestida e em posições de grande riqueza e influência, e assim por diante. Assim, Ivy especializou-se em extrair esses devaneios e vivificá-los, tornando-os, para os encantados sonhadores, dez vezes mais reais, e ao mesmo tempo moldando-os e direcionando-os. Ela gradualmente transforma os sonhos egoístas para aqueles altruístas, ao mesmo tempo em que guia as crianças a imaginarem-se como auxiliares e benfeitores, e as influencia a pensar, não no que elas podem receber, mas no que elas podem fazer e, por isso, transforma completamente o seu temperamento. "Como um homem se julga em seu coração, assim ele é", e isso também é verdade para as crianças; aquele que compreende o enorme poder do pensamento não se surpreende ao saber que um bem incalculável foi feito dessa forma.

Ela também não negligencia as linhas de trabalho mais comuns. Por exemplo, uma jovem, a qual estou profundamente interessado, teve recentemente que passar por uma convalescença longa e cansativa, após uma doença grave, desta forma, pedi a Ivy que cuidasse dela. Acredito que minha jovem amiga não teve um momento triste durante todas aquelas semanas, pois Ivy manteve um fluxo constante de pensamentos da mais agradável natureza, envolvendo-a — histórias de todos os tipos, comentários explicativos sobre as cenas de diferentes partes do mundo, visões de criaturas, astral e física, música de doçura sobre-humana — os mais engenhosos dispositivos, de que me lembro, com o intuito de auxiliar para que o tempo da jovem fosse passado de forma agradável e instrutiva.

Mas toda essa descrição geral de seu trabalho é apenas uma introdução à história em particular que estou prestes a contar, uma história que, penso, será melhor compreendida pelos meus leitores, por conhecerem a personalidade do ator principal. É um caso sobre o qual ela estava muito ansiosa — de fato, no momento, era o seu principal interesse, e ela estava muito triunfante por ter conduzido o problema com sucesso.

Vou contar a história, brevemente, e tentarei colocá-la em ordem cronológica. Veio a mim de cabeça para baixo, começando com uma crise aguda que está realmente no meio da história; e a parte anterior (que responde por todo o resto) só conheci algum tempo depois. Parece que há muito tempo Ivy teve um nascimento em Roma — também como menina — e nessa ocasião ela teve uma amiga de escola a quem chamaremos de Rosa. As duas meninas eram muito dedicadas uma à outra, e cresceram como companheiras quase inseparáveis. Rosa era incrivelmente bonita, e tinha um pouco mais de quinze anos quando um jovem entrou na história. Ao confiar demais nele, ela teve que fugir de casa, temendo enfrentar revelações. Ivy, embora muito chocada e aflita, manteve-se leal ao lado da amiga, escondendo-a por algum tempo, e ajudando-a a fugir da cidade. Parece, no entanto, que Rosa não poderia escapar das consequências de sua equivocada confiança, pois caiu em mãos más e morreu cedo em condições bastante miseráveis.

Rosa e o jovem envolvido parecem ter nascido juntos (sem Ivy) em algum lugar da Idade Média, sendo que praticamente fizeram, de novo, a mesma coisa — simplesmente repetiram o drama anterior.

Nesta recente vida, Rosa nasceu um pouco mais tarde, penso eu, do que Ivy, mas em uma parte diferente do mundo. Infelizmente, ela era uma criança ilegítima e sua mãe morreu logo após o nascimento. Não sei se esse era o *Karma* de seus próprios procedimentos, em linhas semelhantes nos nascimentos anteriores, mas parece bastante provável. A história da mãe tinha sido muito triste, e a tia que criou a pobre Rosa nunca a perdoou por ser, como ela dizia, a causa da morte de uma irmã querida. Além disso, a tia era uma puritana velha e severa do pior tipo, então imaginamos que Rosa teve uma infância infeliz.

Em sua vida, cerca de um ano antes da época em que estou escrevendo, surgiu aquele mesmo jovem — dessa vez era um artista errante ou pescador ou algo desse tipo — e eles encenaram a mesma peça, diligentemente, seguindo os mesmos desígnios anteriores. O homem parecia um jovem bastante simpático, embora fraco — de maneira alguma o tipo de astuto malandro que se poderia esperar. Acho que desta vez ele teria se casado com ela, embora não pudesse, pelo menos, pagar; mas, de qualquer forma, ele não teve a oportunidade, porque morreu, subitamente, em um acidente, deixando Rosa na mesma condição. Ela não sabia o que fazer; é claro que não podia encarar a tia com tanta história e, por fim, decidiu afogar-se. Para esse fim, ela vagueou por um dia, deixando uma carta para sua tia na qual anunciava sua intenção; então, ela sentou-se na margem do rio, olhando melancolicamente para a água.

Nesse ponto, Ivy havia entendido tudo o que eu havia relatado, e diante dessa crise, ela entrou em cena (astralmente, é claro), aparentemente por mero acaso; mas não acredito que exista algo como acaso nesses assuntos. É claro que ela não reconheceu Rosa como sendo a amiga de dois mil anos atrás, mas viu o seu terrível desespero, sentindo-se cheia de piedade, e fortemente atraída por ela. Aconteceu que, algumas semanas antes, em conexão com outro assunto, eu havia mostrado a Ivy como hipnotizar e expliquei a ela sob que circunstâncias o poder poderia legitimamente ser empregado. Então, nesse momento, ela colocou essas instruções em prática, e, na margem do rio, fez Rosa adormecer.

Assim que a tirou do corpo, apresentou-se como amiga, demonstrando o mais profundo carinho e simpatia por ela, e finalmente conseguiu dissuadi-la da intenção do suicídio. Nenhuma delas sabia exatamente o que fazer a seguir, então, Ivy levando Rosa com ela, correu para encontrar Cyril. Mas, como estava em plena luz do dia, ele encontrava-se bastante ocupado no Plano Físico, e por isso, não estava disponível, no momento, para comunicações astrais. Sendo assim, Ivy trouxe sua conquista até mim, e rapidamente me relatou as circunstâncias.

Sugeri que, pelo menos naquele momento, Rosa deveria voltar novamente para casa, mas nada a induziria a fazer isso, tão grande era o horror pela crueldade fria de sua tia. A única alternativa, bastante arriscada, era a de sair vagando pelo mundo — porém, a fiz renovar seu voto de não sair dali para o suicídio. Como não podíamos permitir isso, ela parecia disposta a enfrentar as dificuldades de começar uma nova vida, dizendo que essa não poderia ser tão miserável quanto a antiga, mesmo que a levasse à fome. Ivy aprovou e prometeu entusiasticamente ajudá-la, embora não me parecesse muito claro no momento o que ela poderia fazer.

Acabou decidindo-se dessa forma, já que aparentemente não havia outra alternativa, por isso Rosa foi mandada de volta para seu corpo na margem do rio e, felizmente, quando acordou, lembrou-se o suficiente do que chamou de sonho, recuando com horror da água, e começou a caminhar até uma cidade vizinha. É claro que ela mal tinha dinheiro — as pessoas nunca têm nessas ocasiões —, porém, conseguiu encontrar um alojamento barato para aquela noite, e comprou um pouco de comida, e durante seu sono Ivy a aplaudiu, encorajando-a e confortando-a em suas vigorosas e determinadas buscas, durante os intervalos, por alguém que pudesse ser influenciado para auxiliar no Plano Físico. A essa altura, Cyril estava dormindo, e ela conseguiu a cooperação dele; e, felizmente, eles conseguiram descobrir uma velhinha encantadoramente benevolente que morava sozinha, apenas com um empregado, em uma bonita e pequena vila em uma aldeia a alguns quilômetros de distância, e com esforço incessante, eles fizeram as duas pessoas (Rosa e a velhinha) sonharem uma com a outra, de forma a haver um forte interesse e atração mútuos, quando se encontrassem no Plano Físico.

Na manhã seguinte, Ivy conduziu os passos de Rosa em direção à vila onde a velhinha morava e, embora fosse uma caminhada longa e cansativa, foi finalmente alcançada. Mas, no final, o extremo cansaço físico deixou-a aberta a influências depressivas, e ela começou a não mais saber para onde ir ou o que fazer, até que, finalmente, a esperança e a alegria que a animaram durante o longo dia passaram a sustentar-se somente no que parecia, a ela, ser um sonho. Por fim, em pura exaustão, sentou-se em um banco à beira da estrada, olhando a imagem de miséria, e foi lá que a velha senhora a encontrou, reconhecendo-a imediatamente como aquela garota a quem ela, em seu sonho, amara profundamente. O reconhecimento mútuo foi de fato uma experiência estranha e maravilhosa, e ambas ficaram profundamente surpresas e emocionadas, mas de certa forma muito felizes com isso.

Imediatamente, a velha senhora levou a menina para a sua linda casinha, e logo extraiu dela toda a história de seu problema, despertando em si a mais profunda simpatia. De imediato, ofereceu abrigo e ajuda, pelo menos até o nascimento da criança esperada, e não é improvável que ela decida adotar Rosa. Pelo menos, Ivy está trabalhando nessa direção, e tem fortes esperanças de sucesso; e quando ela se decide sobre qualquer coisa, ela geralmente a realiza.

14. Um Típico Caso Comum

Um caso triste em que não foi possível fazer, diretamente, o bastante, foi o de três filhos pequenos pertencentes a uma mãe alcoolizada. Ela recebia uma pensão insignificante por causa deles e, portanto, a princípio, não podia ser induzida a se separar deles, embora os negligenciasse, vergonhosamente, e parecesse sentir pouca afeição pelos três. O mais velho deles tinha apenas dez anos de idade, e as condições que os rodeavam, mental, astral e etericamente, eram tão ruins quanto poderiam ser. A mãe parecia naquele momento muito além do alcance de qualquer influência superior, embora muitos esforços tivessem sido feitos para apelar à sua melhor natureza. A única coisa a ser feita era deixar um de meus jovens assistentes ao lado da cama das crianças para afastar delas, pacientemente, as horríveis formas-pensamento, e as rudes entidades vivas que se aglomeravam em volta da mãe degradada. Por fim, mostrei ao neófito como fazer uma concha forte ao redor das crianças, e colocar elementais artificiais para protegê-las o máximo possível.

Uma dificuldade aqui é que os espíritos da Natureza não trabalham sob condições tão horríveis e, embora possam ser forçados a fazê-lo através de certas cerimônias mágicas, este plano não é adotado por aqueles que trabalham sob a Grande Loja Branca. Aceitamos apenas cooperação voluntária, e não podemos esperar que entidades no nível de desenvolvimento de tais espíritos da Natureza, como seriam usadas em um caso deste tipo, já adquiriram tal espírito de autossacrifício que os faria trabalhar, voluntariamente, em ambientes tão terríveis para eles. Meras formas-pensamento podem ser feitas e deixadas para funcionar sob quaisquer condições, mas a cooperação viva e inteligente de um espírito da Natureza para animar tais formas-pensamento só pode ser obtida quando o espírito da Natureza está razoavelmente à vontade em seu trabalho.

Mais tarde, entretanto, progredimos melhor com este caso. Esforços determinados foram feitos no Plano Físico, bem como no Astral, e estou feliz em dizer que eles foram coroados com, pelo menos, um sucesso temporário. Os dois filhos mais velhos foram enviados para um lar infantil e, embora a mãe ainda mantenha o mais novo com ela, foi persuadida a se colocar sob os cuidados de alguns amigos religiosos, e atualmente é uma pessoa convertida.

No trabalho astral, existem muitos casos em que a ação contínua é necessária — isto é, em que alguém que está disposto a assumir o trabalho deve, por assim dizer, ficar acima da pessoa que requer assistência, e estar constantemente pronto para prestá-la. Naturalmente, aqueles que estão encarregados de uma vasta coleção de variados trabalhos astrais não podem, com justiça, dedicar-se a esse ponto a nenhum caso, de modo que, geralmente, alguma relação do sofredor é colocada no comando, se for encontrado alguém que seja suficientemente capaz e fidedigno. Um homem recentemente morto, a quem me foi solicitado auxílio, através de uma parenta dele, foi encontrado em um estado de terrível depressão, rodeado por uma vasta nuvem de pensamentos sombrios, no meio do qual ele se sentia totalmente desamparado e impotente. Sua vida estava longe de ter sido imaculada, e havia aqueles a quem ele havia ferido, que com malícia e vingança em seus corações, frequentemente, pensavam nele. Essas formas-pensamento agiam sobre ele através de nuvens de depressão, agarrando-se a ele como sanguessugas, sugando dele toda a vitalidade, esperança e dinamismo, e deixando-o vítima do mais horroroso desespero.

Falei com ele o mais esperançosamente que pude, e salientei que, embora fosse verdade que sua vida não tinha sido tudo o que deveria ter sido, e que havia de certa forma muitas justificativas para a maneira como os outros o tratavam, porém, era errado e inútil ceder ao desespero. Expliquei-lhe que estava causando, com sua depressão, sérios danos a um parente que tinha sobrevivido, uma vez que seus pensamentos, quase sem sua própria vontade, constantemente reagiam sobre essa parente, e tornavam a vida dela uma miséria absoluta. Eu disse a ele que embora o passado não pudesse ser desfeito, pelo menos seus efeitos poderiam ser minimizados pelo esforço de manter calma diante da existência do desagrado que ele provocou, por si próprio, através de suas próprias ações, e que ele deveria se esforçar para responder a isso com desejos amáveis, ao invés de alternâncias de ódio e desespero. Na verdade, o texto principal do meu sermão era que ele deveria esquecer-se de si mesmo e de suas mágoas, e pensar apenas no efeito de sua atitude sobre sua parente que sobreviveu.

O pobre companheiro respondeu a isso, embora apenas de forma indiferente; ele disse que realmente tentaria, e certamente falava sério, mas pude ver que ele tinha pouca esperança de sucesso, ou talvez eu deva dizer que ele não tinha nenhuma esperança, mas tinha certeza de que estava condenado ao fracasso. Disse-lhe claramente tudo isso; rompi os anéis de depressão que o fechavam e dissipei as nuvens negras que o rodeavam, de modo que as formas-pensamento maldosas daqueles a quem ele havia ferido tivessem menos sobre os quais pudessem fixar-se. No momento ele parecia quase alegre, pois eu tinha diante dele uma forte imagem-pensamento do parente sobrevivente, a quem ele amava profundamente, e ele disse:

"Enquanto você está aqui, pareço entender, e quase acho que posso resistir ao desespero; mas sei que, como você diz, minha coragem vai murchar assim que você se for".

Então eu disse a ele que não deveria ser assim — que, sem esperança como ele se sentia, todo o esforço, determinado para vencer o desespero, facilitaria a sua próxima vez, e que ele deveria considerar essa resistência como um dever no qual ele não poderia não se permitir falhar. Eu precisava cuidar dos meus afazeres, mas pedi a um de meus jovens assistentes que ficasse por um tempo com aquele homem, para observar o acúmulo de pensamentos deprimentes, e para desfazê-los, com determinação, cada vez que se apoderassem da vítima. Eu sabia que, se isso fosse feito com persistência suficiente, chegaríamos finalmente a uma condição em que o homem pudesse resistir por si mesmo e manter sua própria posição, embora, por causa da submissão prolongada, a princípio ele mal tivesse forças para sustentar a luta. Meu jovem amigo continuou essa batalha por cerca de duas ou três horas, até que os pensamentos sombrios surgissem com muito menos frequência, e o próprio homem estivesse tornando-se capaz de controlar-se, de modo que o ajudante se sentiu justificado em retornar até mim.

Ele estava prestes a partir, deixando alguns pensamentos fortes e encorajadores para o quase alegre sofredor, quando viu uma garotinha aterrorizada, (em seu corpo astral) voando diante de algum tipo de *hobgoblin*[15] do tipo de um ogro convencional. O auxiliar prontamente se colocou no caminho, dizendo: "o que é isso?" E a criança, assustada, agarrou-se a ele, convulsivamente, e apontou para o demônio que a perseguia. A partir desse momento, o auxiliar admitiu que não gostou nem um pouco do visual dele, mas parece ter se sentido um tanto indignado em nome da garota, e ele tinha instruções de que, para qualquer coisa dessa natureza, um ousado confronto deveria ser sempre mostrado. Assim, ele se manteve firme, e colocou sua vontade contra o ogro, que não se aproximou deles, mas permaneceu a uma pequena distância contorcendo-se, rangendo seus enormes dentes salientes, e evidentemente tentando parecer o mais terrível possível.

Como a situação não apresentava sinais de mudança, o neófito logo ficou impaciente, mas havia sido advertido contra qualquer tipo de ação agressiva, exceto sob instruções muito definidas, de modo que não sabia exatamente o que fazer. Ele então veio à minha procura, trazendo consigo a criança apavorada, mas se movendo muito lenta e circunspectamente, e sempre mantendo o rosto voltado para o objeto de aparência desagradável que, persistentemente, os seguia, a uma pequena distância.

---

[15] *Hobgoblin* é uma criatura folclórica germânica, que mede mais de 1,40 m, podendo chegar até o tamanho de um ser humano. (N.E.)

Quando tive tempo de atendê-lo, investiguei a questão e descobri que essa pobre criança estava frequentemente sujeita a esses pesadelos horríveis, dos quais seu corpo físico acordava em um estado bastante convulsivo, às vezes com gritos terríveis. A entidade perseguidora nada mais era do que uma forma-pensamento desagradável, temporariamente animada por um espírito travesso da Natureza, de um tipo inferior, que parecia estar bastante alegre, e sentia uma espécie de prazer rancoroso pela garota aterrorizada. Expliquei tudo isso às crianças, e o menino, indignado, prontamente apontou o espírito da Natureza como perverso e malicioso, porém, eu disse a ele que esse não era mais do que um gato brincando com um rato, e que entidades em estágios de evolução tão baixos estavam simplesmente seguindo suas naturezas, não desenvolvidas e, portanto, não poderiam ser corretamente descritos como perversos.

Ao mesmo tempo, suas tolas travessuras não podiam causar sofrimento e terror aos seres humanos, por isso, mostrei-lhe como colocar sua vontade contra o espírito da Natureza, e expulsá-lo da forma, e então como dissipar essa forma, através de um esforço definido de sua vontade. A menina estava um pouco amedrontada, mas totalmente encantada ao ver seu ogro explodir; há motivos para esperar que ela ganhe coragem com essa experiência, e que no futuro seu sono seja menos perturbado. Existem tantas variedades de formas-pensamento desagradáveis a ser encontradas no Plano Astral, a pior de todas sendo aquelas relacionadas com crenças religiosas falsas e tolas — demônios de vários tipos e divindades iradas. É perfeitamente permitido ao ocultista destruir tais criaturas, visto que elas não estão realmente vivas, isto é, não representam uma vida em evolução permanente, mas são simplesmente criações temporárias.

Um caso de algum interesse que acaba de ser informado é o de um irmão e irmã, que haviam estado, na juventude, muito ligados um ao outro. Infelizmente, mais tarde, uma elegante mulher se interpôs entre eles; sob a sua influência, ela ensinou ao irmão a suspeitar dos motivos da irmã. A irmã bastante desconfiada da mulher, alertou o irmão; a advertência resultou em um grave rompimento, já que não foi aceita. Em razão de ter sido grosseiramente insultada, a irmã manteve-se completamente afastada durante todo o período em que durou a paixão, já que ela era orgulhosa e implacável. O irmão descobriu o verdadeiro caráter da mulher, embora por muito tempo ele não acreditasse nisso, por estar apegado às suas ilusões. Mesmo quando era impossível manter sua fé cega, ele ainda permanecia um pouco magoado com a irmã, persuadindo-se, de alguma forma, que se não fosse pela interferência dela, como acreditava, a mulher poderia ter permanecido fiel a ele, embora as razões para isso terem em grande parte desaparecido da vida do irmão.

Nesse caso, a melhor coisa a fazer parecia ser colocar dois auxiliares para trabalhar, um com o irmão e outro com a irmã, para persistentemente evocar, em suas mentes, imagens dos velhos tempos, quando se amavam muito. Logo, depois que essas correntes foram totalmente ativadas, ensinei aos auxiliares como fazer formas-pensamento que continuariam esse tratamento. O irmão e a irmã obviamente não faziam ideia de que estavam sendo tratados; apenas parecia a cada um deles que os pensamentos do outro estavam surgindo persistentemente — que todos os tipos de pequenos acontecimentos inesperados os lembravam de tempos mais felizes. Por muito tempo o orgulho resistiu, mas finalmente o irmão respondeu à constante sugestão, foi visitar sua irmã e encontrou-a inesperadamente graciosa, misericordiosa e feliz em vê-lo. A reconciliação foi instantânea, e é pouco provável que eles permitam, novamente, que qualquer nuvem se interponha entre eles.

15. Naufrágios e Catástrofes

É possível, às vezes, aos membros do grupo de auxiliares evitarem catástrofes iminentes de caráter um tanto expressivas. Em mais de um caso, quando o comandante de um navio é levado, mesmo que imperceptivelmente, para fora do seu curso, por qualquer corrente desconhecida ou por qualquer erro nos cálculos, correndo certo risco, tem sido possível evitar um naufrágio, através de repetidas impressões em sua mente, uma sensação de que qualquer coisa não está bem; e, embora isso surja como uma vaga intuição, geralmente no cérebro do comandante, em todo o caso, quando é repetida, é quase certo ele acabar por prestar-lhe alguma atenção e tomar as precauções que lhe pareçam convenientes.

Em um caso, por exemplo, em que o patrão de uma barca estava muito mais perto da costa do que supunha, foi-lhe sugerido, repetidamente, que lançasse a sonda; embora resistindo durante algum tempo a essa sugestão, por lhe parecer desnecessária e absurda, com uma voz um pouco hesitante, acabou por dar a ordem. O resultado o surpreendeu, e ele imediatamente posicionou sua barca, e se afastou da costa, embora foi somente de manhã que pôde perceber quão próximo esteve de um terrível desastre.

Muitas vezes, porém, uma catástrofe é *kármica*, em sua natureza, e, portanto, não pode ser evitada; mas não se deve julgar que, por isso, nenhum auxílio deva ser prestado. Pode ser que as pessoas envolvidas estejam, neste momento, destinadas a morrer, e, portanto, não há a possibilidade de salvá-las da morte; mas em muitos casos, será possível prepará-las, assim como auxiliá-las depois da morte, já no além-mundo. De resto, pode afirmar-se que, sempre que ocorre uma catástrofe de qualquer espécie, há um envio especial de auxílio.

Dois casos recentes, em que esse auxílio foi prestado, foram o naufrágio do [navio a vapor] SS Drummond Castle[16], na costa de Ushant, e o terrível ciclone que devastou a cidade de St. Louis, na América. Em ambos os casos foi dado um aviso de alguns minutos, e os auxiliares fizeram o que foi possível para acalmar e levantar os ânimos dos indivíduos, de modo que, quando o choque viesse, seria menos perturbador do que seria esperado. Como é natural, porém, a maior parte do trabalho feito com as vítimas, em ambas estas calamidades, foi feito no Plano Astral, depois de terem deixado os corpos físicos; mas disso falaremos mais adiante.

É triste relatar quantas vezes, quando uma catástrofe está iminente, os auxiliares são impedidos, em seus bondosos trabalhos, devido ao pânico entre aqueles a quem o perigo ameaça — ou, às vezes, o que é pior, por uma louca explosão de embriaguez, entre aqueles a quem pretendem socorrer. Existem muitos navios que têm se afundado com quase toda a tripulação embriagada e, portanto, inteiramente incapazes de receberem o auxílio oferecido, quer antes da morte, quer durante bastante tempo depois.

Se alguma vez nos acontecer encontrarmo-nos numa situação de perigo iminente, que não podemos evitar, devemos tentar lembrar que, certamente, o auxílio está perto de nós, e que depende inteiramente de nós mesmos para tornar fácil ou difícil o trabalho do auxiliar. Se encararmos o perigo, com calma e coragem, cônscios de que o verdadeiro Eu de modo algum pode por ele ser afetado, nossas mentes estarão então aptas a receber a orientação que os auxiliares estão tentando nos dar; e isso só pode ser o melhor possível para nós, seja o seu objetivo salvar-nos da morte, ou, quando isso for impossível, fazer-nos atravessá-la tranquilamente.

O auxílio desta última espécie tem sido dado muitas vezes em caso de desastres ocorridos com indivíduos, assim como

---

[16] O SS Drummond Castle foi um navio a vapor construído em 1881, e naufragou em 16 de junho de 1896 na costa de Ushant. (N.E.)

em catástrofes mais gerais. Será suficiente mencionar um exemplo para ilustrar o que queremos dizer. Em um dos grandes temporais, que, há anos, fizeram tantos estragos em nossas costas, aconteceu que um barco de pesca virou longe da terra. Os únicos tripulantes eram um velho pescador e um menino, e o primeiro conseguiu agarrar-se, durante alguns minutos, no barco virado. Não havia auxílio físico próximo, e, mesmo que houvesse, teria sido impossível, num temporal daqueles, prestá-lo; de modo que o pescador sabia perfeitamente que não havia esperanças de salvação, e que a morte era apenas uma questão de momentos. Diante dessa perspectiva, ele sentiu um grande terror, sendo especialmente impressionado pela terrível solidão daquela vasta extensão marítima; também ficou muito preocupado com a ideia de que sua esposa e família ficariam na miséria com a sua morte repentina.

Uma auxiliar que passava, vendo isto, tentou animá-lo, mas, reparando que o seu espírito estava perturbado demais para que fosse possível sugestioná-lo, achou melhor mostrar-se a ele, a fim de ajudá-lo. Ao contar o caso depois, ela disse que a mudança que surgiu na face do pescador ao vê-la foi extraordinária, e de grande beleza; com a forma brilhante em pé, no barco a que se agarrava, ele não podia deixar de crer que um anjo o tinha vindo animar no seu perigo, e por isso sentiu que não só atravessaria incólume as portas da morte, mas também que a sua família receberia auxílio de alguém. Por isso quando, momentos depois, a morte veio ter com ele, o seu estado de espírito era muito diverso da perplexidade e do terror que antes o avassalavam; e, como é natural, quando retomou a consciência no Plano Astral, e viu que o "anjo" continuava a seu lado, sentiu-se à vontade ao lado dela, e pronto a aceitar os seus conselhos com respeito à vida nova em que tinha ingressado.

Tempos depois, esta mesma auxiliar prestou outro serviço de ordem muito parecida, que relatou depois, como segue: "Devem lembrar-se daquele vapor que foi ao fundo com o ciclone de 15 de novembro passado. Transportei-me até o camarote onde estavam fechadas uma dúzia de mulheres, e as encontrei a lamentar-se do modo mais triste, chorando e gritando de terror. O navio tinha de ir ao fundo — não havia auxílio possível — e sair do mundo neste estado de terror louco é a pior maneira de entrar no outro. De modo que, para acalmá-las, materializei-me, e está claro que as pobres criaturas julgaram que eu era um anjo; caíram de joelhos, pedindo que as salvasse, e uma pobre mãe estendeu-me o filhinho pedindo-me que ao menos o pusesse a salvo. À medida que falávamos, não tardou que elas se tornassem calmas, a criancinha adormeceu, daí a pouco dormiam todas, e eu enchi-lhes o espírito de pensamentos do mundo celestial, de modo que não acordaram quando o navio deu o mergulho final. Desci com elas para me assegurar que dormissem nos últimos momentos, e elas não se mexeram ao passar do sono para a morte."

Evidentemente, também neste caso, aqueles que foram assim auxiliados, não só tiveram a enorme vantagem de poder encontrar a morte com calma e segurança, mas a vantagem, ainda maior, de serem recebidos na outra margem por alguém que já estava disposto a amar e confiar — alguém que compreendia inteiramente esse novo mundo em que se encontravam, e não só lhes podia assegurar que estavam salvos, mas também aconselhá-los como orientar as suas vidas nessas circunstâncias tão diferentes. E isto leva-nos a considerar uma das maiores e mais importantes áreas de trabalho dos auxiliares invisíveis — o auxílio e os conselhos que podem dar aos mortos.

16. Trabalho Entre os Mortos

Um dos muitos males que têm origem nos ensinamentos absolutamente errôneos, com respeito às condições depois da morte, infelizmente corrente no nosso mundo ocidental, é que aqueles que acabam de despir este traje mortal ficam, em geral, extremamente perplexos e, por vezes, muito assustados ao encontrar ali tudo tão diferente de quanto a sua religião os levou a esperar. A atitude mental de um grande número dessa gente foi concisamente expressa há pouco por um general inglês, que três dias depois da morte, encontrou um auxiliar do grupo de auxiliares que o tinha conhecido na vida física. Depois de exprimir a sua satisfação por enfim encontrar alguém com quem pudesse comunicar-se, a sua primeira observação foi: "Mas se eu estou morto, onde é que estou? Se isto é o céu, não me parece grande coisa; e, se é o inferno, é melhor do que eu esperava!"

Mas, infelizmente, um grande número de pessoas recebem tudo isso de um modo bem menos filosófico. Ensinaram-lhes que todos os seres são destinados às chamas eternas, exceto uns poucos favorecidos, que são super-humanamente bons; e, visto que basta uma pequena autoanálise para eles se persuadirem de que não pertencem a essa categoria, acontece que muitas vezes se encontram num estado de grande terror, temendo a todo o momento que o novo mundo em que se acham se dissolva e os deixe cair nas garras daquele domínio em que tão insidiosamente foram levados a crer. Em muitos casos, passam grandes períodos de intenso sofrimento mental antes que se possam libertar da influência fatal dessa doutrina blasfema das penas eternas — antes que consigam compreender que o mundo é regido, não segundo o capricho de um diabo hediondo, que se deita com a angústia humana, mas por uma benéfica e extraordinariamente paciente lei de evolução, que é, na verdade, absolutamente justa, mas que repetidas vezes oferece aos indivíduos oportunidades de progresso, se eles quiserem aproveitá-las, em todos os estágios da sua evolução.

Deve, de resto e para fazer justiça, ser mencionado que é só nos povos chamados protestantes que este terrível mal assume as suas maiores proporções. A grande Igreja Católica Romana, com a sua doutrina de purgatório, aproxima-se muito mais de certa noção do Plano Astral, e os seus membros, pelo menos crentes, compreendem que o estado em que se encontram pouco depois da morte é apenas um estado temporário, e que é sua tarefa tentarem erguer-se acima dele, o mais depressa possível, por uma intensa aspiração espiritual, ao passo que aceitam qualquer sofrimento que lhes surja como sendo necessário para destruir as imperfeições do seu caráter, antes que possam subir às regiões mais elevadas e brilhantes.

Por isso será visto que há bastante trabalho para os auxiliares entre os recém-mortos, pois que, na maioria dos casos, estes precisam ser acalmados e animados, confortados e instruídos. No mundo astral, como no físico, há muita gente pouco disposta a receber conselhos daqueles que sabem mais do que eles; mas a própria estranheza das condições que os cercam torna muitos dos mortos desejosos de aceitar a orientação daqueles a quem essas condições são obviamente familiares; e a estada de muitos indivíduos sobre esse plano tem sido bastante encurtada pelos esforços dedicados desse grupo de enérgicos auxiliares.

Entenda-se bem: não é que o *Karma* do morto possa de modo algum ser alterado; durante a vida, ele próprio construiu um corpo astral com certo grau de densidade, e, enquanto esse corpo não estiver suficientemente dissolvido, não poderá passar para o mundo celestial que se segue; mas ele não precisa aumentar o período necessário para esse processo pela adoção de uma atitude inadequada.

Todos os estudiosos devem compreender, claramente, a verdade de que a duração da vida astral de um indivíduo, depois que abandonar o seu corpo físico, depende, sobretudo, de dois fatores — a natureza passada da sua vida física e a atitude do seu espírito depois daquilo a que chamamos morte. Durante a sua vida terrena, ele está constantemente influenciando a organização da matéria no seu corpo astral. Ele a afeta, diretamente, com as paixões, emoções e desejos pelos quais se deixa dominar; a afeta, indiretamente, pela ação que sobre ela têm os seus pensamentos superiores, assim como os detalhes da sua vida quotidiana — a sua continência ou depravação, a sua limpeza de vida, ou o contrário, o que come e o que bebe — aqui embaixo.

Se, pela persistência na maleficência ao longo de qualquer uma dessas linhas, ele comete a estupidez de fabricar um instrumento astral grosseiro e denso, habituado a responder só às vibrações inferiores desse Plano, encontrar-se-á, depois da morte, ligado a esse Plano durante o longo e lento processo da desintegração desse corpo. Se, por outra, uma vida cuidadosa e decente lhe dá um instrumento composto da mais sutil matéria, terá muito menos atrapalhação e desconforto *post-mortem*, e a sua evolução prosseguirá com muito maior rapidez e facilidade.

Em geral, isto é compreendido, mas o segundo grande fator — a atitude do seu espírito depois da morte — parece muitas vezes não lembrar. O que é essencial é que ele compreenda a sua situação neste pequeno trecho da sua evolução — que saiba que neste estágio está, seguramente, recolhendo-se para dentro, para o plano do verdadeiro Eu, e que, por conseguinte, é sua tarefa tirar o seu pensamento, quanto possível, das coisas físicas, fixando cada vez mais a sua atenção sobre aquelas coisas espirituais que o ocuparão durante a sua vida no mundo celeste. Fazendo isto, facilitará muito a natural desintegração astral, e evitará o erro, infelizmente vulgar, de demorar-se nos níveis inferiores, mais do que deve ser uma residência tão temporária.

Muitos mortos, porém, atrasam consideravelmente o processo de dissolução pelo apego que têm à Terra que deixaram; recusam-se a dirigir para o alto os seus pensamentos e desejos, e gastam o tempo lutando com toda a sua força por se conservarem em pleno contato com o Plano Físico, causando assim um grande trabalho a quem pretenda auxiliá-los. As coisas terrenas são as únicas pelo qual, verdadeiramente, se interessaram, e a elas se apegam com uma tenacidade desesperada, mesmo após a morte. Como é natural, à medida que o tempo vai passando, vão achando cada vez mais difícil segurar-se às coisas deste mundo, mas, em vez de apreciar e ajudar este processo de refinamento e de espiritualização, a ele resistem, vigorosamente, por quantos meios têm ao seu alcance.

É claro que a força poderosa da evolução vem, por fim, a ser forte demais para eles, e acabam por ser arrastados pela sua corrente benéfica, mas lutam a cada passo, e assim não só causam a si próprios uma grande quantidade de dor e tristeza absolutamente desnecessárias, mas também atrasam, seriamente, o seu progresso ascensional, prolongando demasiado a sua estada nas regiões astrais. Convencê-los de que essa oposição ignorante e desastrosa, à vontade cósmica, é contrária às leis da Natureza, e persuadi-los a adotar uma atitude de espírito que seja exatamente o contrário, forma grande parte do trabalho daqueles que desejam auxiliar.

Acontece ocasionalmente que os mortos são ligados à Terra pela ansiedade — às vezes, ansiedade causada pelos deveres não cumpridos ou pelas dívidas morais a pagar, mas, mais vulgarmente, devido ao desamparo da mulher e dos filhos. Em casos como estes, mais de uma vez foi preciso que o morto, após ter-se tranquilizado, se dispusesse a seguir o seu caminho ascensional, que o auxiliar agisse de certo modo como o seu representante no Plano Físico, atendendo em seu lugar aos negócios que deixou de fazer. Talvez isto se revele mais claro com um exemplo de nossa experiência recente.

Um membro do grupo de auxiliares estava tentando ajudar um homem pobre que havia morrido em uma das cidades ocidentais da Inglaterra, descobriu que era impossível desviar-lhe o pensamento das coisas terrenas, por causa da sua preocupação pelos seus dois filhos pequeninos que a sua morte deixara ao desamparo. Tinha sido operário e os seus poucos ganhos não lhe havia permitido juntar dinheiro para eles; a mulher morrera havia dois anos, e a senhora da casa onde morava, ainda que extremamente bondosa, e pronta a fazer qualquer coisa que pudesse, era pobre demais para poder adotar as crianças, e por isso, muito relutantemente, chegou à conclusão de que seria obrigada a entregá-las à assistência paroquial. Essa foi uma grande dor para o pobre pai morto, ainda que, é claro, não pudesse censurar a senhora, e nem mesmo foi capaz de sugerir qualquer outro caminho.

O nosso amigo perguntou-lhe se não tinha parente algum a quem pudesse entregá-las, mas o pai não sabia de nenhum. Tinha, disse, um irmão mais novo, que com certeza faria qualquer coisa nesta conjuntura, mas havia quinze anos que o perdera de vista, e nem sabia se ele estava vivo ou morto. Quando pela última vez tivera notícias dele, soubera que era aprendiz de carpinteiro no Norte, e então o informaram de que era um rapaz trabalhador e sério que, se vivesse, com certeza abriria caminho.

Estes dados eram por certo escassos, mas visto que não havia outra possibilidade de auxiliar as crianças, o nosso amigo achou que valeria a pena fazer um esforço especial para encontrar o irmão, servindo-se somente desses dados. Levando consigo o morto, começou a procurar cuidadosamente o irmão, na cidade indicada; depois de muito trabalho, tiveram a sorte de encontrá-lo. Era agora dono de uma oficina de carpintaria, e fazia um razoável negócio; além disso, era casado, mas não tinha filhos, conquanto desejasse tê-los. Era, pois, ao que parecia, a pessoa certa para a emergência.

O ponto agora era como dar-lhe essa informação. Felizmente, descobriu-se que ele era bastante impressionável para que as circunstâncias da morte do seu irmão e o desamparo dos seus sobrinhos lhe pudessem ser vividamente expostos num sonho; este sonho foi três vezes repetido, sendo-lhe claramente indicado o lugar e até o nome da senhoria. Esta visão repetida impressionou-o muito, e ele discutiu-a com a mulher, que o aconselhou a escrever para o endereço dado. Ele não gostava de escrever, porém, se dispôs a uma pequena viagem para aqueles lados, de forma a investigar se existia uma casa como a que tinha visto em sonho e, se assim fosse, ir lá bater à porta com uma desculpa qualquer. Era, porém, um homem cheio de afazeres e acabou por decidir que não valia à pena perder um dia de trabalho em função do que, afinal, naturalmente não passava de um sonho.

Esta tentativa tendo, pois, aparentemente falhado, decidiu-se tentar outro processo; e, assim, um dos auxiliares escreveu uma carta ao homem, detalhando as circunstâncias da morte do seu irmão e a condição atual dos filhos, em exata coincidência com o que ele tinha visto no seu sonho. Ao receber esta informação, ele não hesitou, e logo no dia seguinte partiu para a cidade indicada, sendo recebido de braços abertos pela bondosa senhora. Não fora difícil aos auxiliares persuadi-la, dada a sua bondade, a conservar as crianças em sua casa durante ainda alguns dias para ver se aparecia alguém para buscá-las e, desde então, ela se felicita por ter aguardado. O carpinteiro, é claro, levou as crianças consigo e deu-lhes um lar feliz e, o falecido pai, não mais ansioso, regozijando-se, continuou sua jornada ascendente.

Visto que alguns escritores teosóficos têm sentido ser seu dever insistir vigorosamente sobre os males que, frequentemente, provêm da realização de sessões espíritas, é justo confessar que, algumas vezes, um trabalho bem útil tem sido feito por intermédio de um médium ou de alguém presente numa sessão, semelhante ao do auxiliar no caso já citado. Assim, conquanto o Espiritismo tenha muitas vezes retardado almas que, se não fosse ele, teriam se libertado com mais rapidez, é necessário colocar em sua conta um crédito pelo fato de que ele, também, tem dado a outros os meios de libertar-se, abrindo-lhes o caminho do progresso. Tem havido casos em que o morto pode, sem auxílio, aparecer aos seus parentes ou amigos e explicar-lhes os seus desejos; mas estes são, é claro, raros, e a maioria das almas, que estão ligadas à Terra por preocupações do gênero indicado, podem satisfazer-se apenas por meio dos serviços do médium ou do auxiliar consciente.

Outro caso que frequentemente é encontrado no Plano Astral, é o do indivíduo que não acredita estar morto. É certo que a maioria das pessoas considera o fato de continuar estando consciente como prova absoluta de que ainda não passou as portas da morte; o que não deixa de ser, se refletirmos, em uma curiosa sátira, no que diz respeito ao valor prático da nossa tão apregoada crença na imortalidade da alma! Qualquer que seja a crença que tenha dito ter em vida, a grande maioria que morre, pelo menos neste país, mostra, pela sua atitude subsequente, que foi realmente, para todos os fins possíveis, puro materialista; e aqueles que no mundo, honestamente, se deram como tais, muitas vezes não oferecem mais dificuldade para serem auxiliados do que outros que se indignariam se tal designação se lhe aplicasse.

Um caso muito recente foi o de um homem de ciência que, encontrando-se plenamente consciente, porém, em certas condições, divergindo radicalmente de quaisquer outras que anteriormente conhecera, havia persuadido de que ainda vivia e era apenas vítima de um sonho prolongado e desagradável. Felizmente para ele havia entre o grupo, daqueles capazes de funcionar no Plano Astral, o filho de um velho amigo seu, cujo pai o tinha encarregado de procurar o cientista morto, e de tentar prestar-lhe algum auxílio. Quando, depois de algum esforço, o rapaz o encontrou, e ao abordá-lo, o cientista francamente admitiu que estava numa condição de grande perplexidade e desconforto, mas não abandonara ainda a sua hipótese, sobre aquilo ser tudo um sonho, como a mais provável das explicações para o que estava vendo, e chegou ao ponto de sugerir que o seu visitante também não passava de uma figura onírica!

Por fim, porém, cedeu ao ponto de propor uma espécie de teste e disse ao jovem: "Se você for, como afirma, uma criatura viva e o filho do meu velho amigo, traga-me qualquer comunicação dele, e que me prove a tua existência objetiva."

Ora, conquanto, em todas as condições usuais do Plano Físico, dar qualquer espécie de prova fenomênica é estritamente proibido aos alunos dos Mestres, parecia que um caso desta espécie não infringia as regras; e por isso, quando se tinha averiguado que nenhuma objeção havia da parte de autoridades superiores, foi feito uma solicitação ao pai que, imediatamente, mandou uma mensagem referindo-se a uma série de eventos que ocorreram antes do nascimento do filho. Isto convenceu o falecido da existência real do seu jovem amigo, e, portanto, do plano em que ambos estavam funcionando; e, assim que ele sentiu que isso estava estabelecido, a sua educação científica manifestou-se, tornando-se ele imediatamente ansioso para adquirir todas as informações possíveis sobre esta nova região. Está claro que a mensagem, que ele tão prontamente aceitou como evidência, na realidade, não constituiu nenhuma prova, visto que os fatos a que ela se referia podiam ter sido lidos, de sua própria mente ou dos registros do passado, por qualquer criatura possuidora de sentidos astrais; mas a sua ignorância destas possibilidades fez com que ele pudesse receber essa impressão definida, e a instrução teosófica que o seu jovem amigo todas as noites lhe ministra terá sem dúvida uma influência estupenda sobre o seu futuro, pois não pode deixar de modificar muito, não só o estado celestial que o espera, mas também a sua encarnação seguinte sobre a Terra.

Então, o trabalho principal que os nossos auxiliares têm de fazer para com os recém-mortos é o de confortá-los e animá-los — de livrá-los, quando possível, do medo terrível, mas irracional, que muitas vezes os apanha, e que não só lhes causa um grande sofrimento desnecessário, mas também lhes atrasa o progresso para as esferas superiores — e de capacitá-los, tanto quanto possam, a compreender o futuro que está adiante deles.

Outros, que já estão há mais tempo no Plano Astral, também podem receber muito auxílio, caso o queiram aceitar, por explicações e conselhos com referência ao seu curso através dos seus estágios diversos. Podem, por exemplo, ser avisados do perigo e da demora causados por tentarem comunicar-se com os vivos através de um médium, e às vezes (ainda que raramente, uma entidade já atraída para um círculo espírita, pode ser guiada para uma vida mais elevada e mais sã). Assim, os ensinamentos prestados a indivíduos, neste plano, não se perdem nunca, porque, conquanto a memória deles (é claro) não possa passar para a encarnação seguinte, fica sempre o verdadeiro conhecimento íntimo e, portanto, a forte predisposição para o aceitar, quando se torna a ouvi-lo na nova vida.

17. Trabalho em Conexão com a Guerra

Muitos nos perguntaram, se é possível para o grupo de auxiliares invisíveis fazer algo em conexão com a guerra. Seus membros, durante esse terrível período, trabalharam nobremente, e posso dizer que foram de auxílio e de assistência incalculáveis. Para esse propósito, e naquele período, o nosso grupo foi amplamente aumentado. Mesmo em dias normais, há muitos auxiliares fora do círculo teosófico; e, durante a guerra, milhares de pessoas se ofereceram, as quais provavelmente nunca antes haviam pensado na possibilidade de tal trabalho.

As condições introduzidas pela guerra foram de várias maneiras incomuns. Não somente milhares de homens foram repentinamente lançados ao mundo astral, mas também todos eles eram jovens e fortes, e quase todos pertenciam às raças mais avançadas do mundo. Um homem que morre na velhice já exauriu a maior parte de suas forças emocionais; aquelas que ainda se jogam através dele são comparativamente fracas e facilmente controladas, e provavelmente não lhe causam muitos problemas. Porém, no homem que morre em plena juventude, todas as suas emoções encontram-se em seu ápice; e, portanto, esse jovem é capaz de sofrer por meio delas, assim como, por outro lado, é capaz de obter, por meio delas, mais prazer. Portanto, sua vida astral geralmente apresenta um conjunto diferente de problemas para solução.

Qual é a condição dessas pessoas que morrem tão repentinamente? Alguns deles permanecem por muito tempo, após a morte, praticamente inconscientes do mundo ao seu redor. Essa é uma das consequências daquele rearranjo da matéria do corpo astral a que me referi no capítulo anterior. Toda a matéria astral mais grosseira e rústica é colocada do lado de fora, na periferia do ovoide astral; e o resultado é que apenas as impressões como as que podem operar por meio desse tipo mais grosseiro de matéria — vibrações às quais ela responde — podem atingir o homem ou ser expressas por ele.

O homem que leva uma vida física normalmente digna não tem o hábito de usar essa matéria mais grosseira. Todas as emoções superiores — amor, devoção, simpatia, patriotismo — usam as partículas mais sutis do corpo astral; apenas as emoções inferiores, como sensualidade, raiva, inveja, ódio, usam a parte mais grosseira disso. Um homem não muda repentinamente a sua natureza quando morre, e nem começa a utilizar vibrações às quais não estava habituado; e como ele pode ter consciência apenas através da película exterior de seu corpo astral, a consequência é que ele permanece fechado dentro daquela casca de matéria densa, vivendo uma espécie de sonho rosado, felizmente inconsciente de todos os aborrecimentos ao seu redor, até mesmo daquelas partículas mais grosseiras que, gradualmente, se desgastam, ascendendo ele, então, para um nível superior. Mas isso pode demorar semanas, ou às vezes até meses.

Outros experimentam apenas uma inconsciência momentânea durante a morte — apenas um choque agudo, e então sentem-se muito melhores e mais leves do que nunca. Não é apenas o peso do corpo físico de que são aliviados; é muito mais da pressão atmosférica — 77,6 centímetros de mercúrio — talvez cerca de 1,8 toneladas sobre todo o corpo. Estamos tão acostumados com esse peso, que o tempo todo o suportamos, sem sequer saber que ele existe; mas quando saímos dessa situação, percebemos que perdemos algo incrivelmente pesado e desanimador.

Frequentemente, esse homem não sabe, ou não acreditará, que está morto. Ele talvez tente pegar seu rifle, mas não poderá agarrá-lo. Tentará falar com um camarada vivo, porém, não o ouvirá; tentará tocar algum amigo físico, sem, contudo, obter resultado. Ele dirá a um auxiliar: "você diz que estou morto; sinto-me muito mais vivo do que há dez minutos." Às vezes, ele quer continuar lutando; então, é necessário acalmá-lo e explicar-lhe as coisas. Quando, finalmente, esse soldado percebia sua posição, em geral, ficava imensamente interessado, pois havia descoberto que possuía todo o tipo de novas oportunidades. Ele podia entrar sem ser visto nas fronteiras inimigas, e muitas vezes ficava bastante ansioso para comunicar suas observações, embora raramente tivesse sucesso em fazê-lo. Ainda assim, houve alguns casos em que ele conseguiu causar uma impressão na mente de alguém; mas mesmo assim, o destinatário geralmente pensava que era apenas imaginação, e não dava atenção.

Alguns homens estavam principalmente preocupados com suas famílias; outros desejavam aprender tudo o que pudessem sobre as novas condições em que se encontravam. O trabalho do auxiliar invisível é estar pronto para atender a todos esses requisitos diferentes. A principal exigência, a ele feita, é a de oferecer-lhes algum tipo de ensinamento; geralmente equivale a dar-lhes informações teosóficas — não que desejemos impor nossa crença sobre eles, mas porque esse ensinamento pode representar os fatos, e ele é dado somente àqueles que assim o solicitam. Muitos soldados ficavam prontos e ansiosos para fazer o que fosse necessário para auxiliar seus camaradas, assim que a situação lhes era explicada, independente desses estarem no Astral ou ainda no Plano Físico, e, geralmente, suas atividades eram variadas e muito úteis.

Não posso entrar aqui em um campo tão vasto como a descrição desses variados empreendimentos, mas darei alguns exemplos do trabalho realizado em conexão com a guerra, por alguns dos membros jovens do grupo de auxiliares, cujas façanhas narramos nos capítulos anteriores. O Cyril original do século passado, que figurou nas histórias do incêndio do hotel e dos dois irmãos, era um oficial do exército britânico; por duas vezes, ele foi gravemente feriado, e sofreu, na Alemanha, o terrível destino de captura e de prisão, a partir do qual foi eventualmente libertado através de uma troca. Um jovem auxiliar de uma geração posterior, que era um admirador entusiasta dele, mostrou seu apreço ao adotar o mesmo pseudônimo; e é sobre algumas de suas realizações que escreverei agora.

A HISTÓRIA DE ÚRSULA

No curso de nosso trabalho como auxiliares invisíveis, encontramos certo capitão no campo de batalha, a quem daremos o nome de Harold. Ele havia, recentemente, passado para o mundo astral, e prontamente absorveu as explicações sobre as nova vida em que se encontrou; logo se tornou bastante harmonizado e feliz, exceto por um assunto que afetou enormemente a sua mente. Ele era o filho mais velho, e tinha um irmão que era um ou dois anos mais novo que ele. Os dois cresceram juntos, no mais íntimo afeto, e até o fato de ambos apaixonarem-se pela mesma jovem, não afetou suas relações. Antes da guerra, Harold ficou noivo dessa garota, Úrsula; seu irmão Julian também a amava, porém, por lealdade a Harold, esforçou-se resolutamente para vencer o sentimento.

Assim que a guerra começou, ambos os irmãos alistaram-se, porém, Julian teve a infelicidade de ser gravemente ferido e incapacitado para o serviço militar, logo após uma curta experiência dos rigores do campo de batalha. Assim, ele permaneceu em casa, e esteve constantemente ligado a Úrsula, a quem amava mais profundamente do que nunca. Ela logo percebeu o sentimento dele e, em um instante, para sua grande consternação, encontrou-se retribuindo. Nenhuma palavra de amor foi trocada entre esses dois jovens, e ambos envergonharam-se de sua paixão, sentindo-a como uma traição ao guerreiro ausente, que obviamente não suspeitava disso. Assim, com o passar do tempo, Julian e Úrsula tornaram-se cada vez mais infelizes em casa, e até mesmo Harold, em suas breves visitas de licença, sentiu que algo estava errado, embora não soubesse o quê.

As coisas estavam nessa condição, eminentemente, insatisfatória, quando Harold foi morto — no momento em que liderava seus homens para a vitória. Ele encarou sua morte de maneira bastante filosófica, e seu único lamento foi por saber da comovente tristeza em que Julian e Úrsula iriam sentir. Em seus esforços para mitigar isso, ele pairou sobre eles, quase continuamente, e com a visão mais aguda do mundo astral, ele logo detectou, entre os dois, a existência de uma forte afeição. Ele imediatamente viu nisso uma esperança de rápido alívio e consolo para ambos, tentando sinceramente alimentá-la; mas a forte resistência existente nas mentes dos dois, levou-os a interpretar erroneamente suas bem-intencionadas tentativas de influenciá-los.

Suas frequentes visitas astrais mantinham-no constantemente em seus pensamentos; mas quanto mais sua imagem, insistentemente, se intrometia em suas mentes, com mais amargor se envergonhavam do que consideravam deslealdade à sua memória, e mais firmemente decidiam resistir à tentação. Na verdade, ao longo de sua vida, Úrsula havia feito um voto mental de devoção, por uma simples benção, para a sua causa. Enquanto isso, o próprio Harold estava muito preocupado com a inexplicável relutância, daqueles que amava, em aceitar a solução para as suas dificuldades, algo que ele tão ansiosamente desejava.

Cyril[17], o jovem auxiliar, a quem este caso foi confiado, logo descobriu que, até que este caso de família fosse resolvido, seria impossível para seu paciente dar toda a sua atenção ao trabalho astral, por isso, ele acompanhou Harold à sua antiga casa, para ver se algo poderia ser feito para esclarecer a situação. Eles encontraram Julian e Úrsula caminhando juntos por um caminho na floresta — felizes por estarem juntos, mas o tempo todo se sentindo desconfortáveis e culpados. O menino Cyril tentou ao máximo impressioná-los com a verdade, mas não conseguiu superar suas convicções equivocadas; eles sentiram a insistente sugestão de que Harold aprovaria, mas consideraram isso apenas como uma ilusão nascida do desejo ilícito. O jovem auxiliar, em desespero, chamou seu amigo mais velho e experiente, mas seus esforços também foram inúteis; e por fim o menino disse:

"Nunca o faremos, a menos que possamos conversar com eles cara a cara; se você vai me materializar, acho que posso convencê-los".

---

[17] Não Cyril original do século passado, mas um sucessor, que adotou o mesmo nome. (Nota do Autor)

O mais velho concordou e, alguns minutos depois, um garotinho ansioso e animado correu para o casal desconsolado, chorando:

"Trago para vocês uma mensagem de Harold; ele quer que vocês dois se casem e sejam felizes, e lhes envia seu amor e bênção."

Pode-se imaginar a estupefação dos amantes, não confessados; eles estavam surpresos demais para ressentirem-se dessa repentina intrusão, vinda de uma criança estranha, na região de suas emoções mais sagradas; mas depois de alguns instantes Úrsula conseguiu engasgar:

"Quem é você? O que você quer dizer quando diz que vem de Harold? Você não sabe que Harold está morto?"

O menino respondeu: "Eu sou Cyril; mas não importa sobre mim; não há tempo para tudo isso; tente entender o que eu digo a você, e faça o que Harold deseja".

Então, apressadamente (pois ele sabia que a força não deve ser desperdiçada em manter uma materialização mais tempo do que o necessário), ele explicou que não existe morte, e que, naquele momento, Harold estava lá ao lado deles, tão completamente quanto estava anteriormente, consciente do amor que tão cuidadosamente ocultaram, aprovando-o totalmente, e ansiosos apenas por sua felicidade perfeita.

"Úrsula!" exclamou Julian, "pela minha alma, acredito que isso seja verdade; eu sinto, sei disso!"

"Oh, se eu pudesse acreditar!" respondeu Úrsula, assustada com toda a sua reserva, zelosamente, guardada. "Mas como posso ter certeza; você diz que Harold está aqui"— virando-se bruscamente para o menino — "mostre-o por um momento, deixe que ele mesmo me diga, e então eu acreditarei".

"Podemos?", disse o menino ao mais velho. O último abaixou a cabeça, e uma tênua forma de Harold estava lá, sorrindo para eles com olhos brilhantes; ele deu um passo à frente, apertou a mão de Úrsula, e colocou-a gentilmente na do assombrado Julian. Então ergueu a mão, como um padre faz ao abençoar, e um pensamento repentino pareceu atingi-lo; ele apalpou a túnica, e puxou um minúsculo crucifixo de ouro, que estendeu a Úrsula, mas antes que ela pudesse pegá-lo, ele sumiu. O menino voltou-se para o mais velho: "podemos fazer isso por ela?", ele perguntou. O mais velho afastou-se, por alguns momentos e, quando voltou, colocou o crucifixo físico nas mãos de Cyril. O menino imediatamente o deu a Úrsula, dizendo: "Veja, aqui está o crucifixo que Harold desejava que você possuísse".

Os amantes ainda estavam de mãos dadas, soltando exclamações desconexas de admiração e assombro; e enquanto Úrsula pegava o crucifixo, ela disse: "Pelo menos isso prova que nem tudo é um sonho, pois eu o dei a Harold antes mesmo dele ir para a guerra; veja, aqui estão as iniciais gravadas por mim".

Julian, de repente, recompondo-se, agarrou Cyril pela mão. "Ainda não te agradecemos", disse: "Não sei quem é você, e não entendo nada disso, mas você nos prestou um serviço que nada jamais poderá retribuir, e se houver algo que eu possa fazer para mostrar-lhe minha gratidão."

Nesse ponto, Úrsula correu e, impulsivamente, abaixou-se, aparentemente tentando beijar a criança; mas o menino horrorizado desmaterializou-se com a rapidez da luz, e seus braços fecharam-se no ar. Não há dúvida de que ela ficou surpresa e decepcionada; mas Julian encontrou meios de consolá-la, e eles provavelmente passaram muitas horas discutindo a experiência maravilhosa que tiveram. Julian lamentou profundamente não ter tido a oportunidade de mostrar seu apreço pelo que o menino havia feito por eles; e expressou enfaticamente o desejo de que, se Deus algum dia os abençoasse com uma descendência, seu filho primogênito receberia o nome de Cyril, em memória desse dia; e Úrsula corada, mas de todo o coração, concordou.

Não é incomum que esse evento tenha despertado em Úrsula um grande interesse pelas condições de vida após a morte, e pelos fenômenos não físicos em geral. No dia seguinte, Cyril pairando sobre ela, pensou ter visto uma oportunidade de bom trabalho; então, enquanto ela caminhava sozinha no bosque, exceto por um enorme cão, ele obteve permissão para mostrar-se a ela, novamente, por alguns minutos, a fim de sugerir a ela os nomes de alguns de livros teosóficos, de seus autores favoritos, os quais a partir de então ela passou a adquirir. Ela ficou muito feliz em vê-lo novamente, contudo, desta vez, ele tomou o cuidado de manter-se a uma distância segura; e foi interessante notar que o cão, embora a princípio assustado e curioso, claramente, o aprovara, demonstrando, de forma digna, uma marcante amizade.

O ESCRITÓRIO DE WILL

Alguns dias depois, este mesmo jovem auxiliar relatou outro interessante caso. Um oficial morto foi encontrado muito preocupado com a alienação de sua propriedade. A história contada foi como segue. Ele tinha uma propriedade, que havia recebido de herança, e também certa quantia de dinheiro, o qual poderia dispor por testamento. Há algum tempo sua mãe o pressionava para que se casasse com uma abastada jovem, pela qual ele não sentia nenhuma afeição especial e, como desculpa para adiar uma decisão que não gostaria de tomar, ele acolhera a necessidade de alistar-se.

Estando gravemente ferido e, durante uma longa convalescença, ele apaixonou-se por uma francesa que trabalhava como enfermeira. De acordo com as leis francesas, ele casou-se com ela, mas não informou sua mãe, na Inglaterra, do que havia feito, temendo a raiva dela pela frustração de seus planos, e sabendo também que ela tinha uma aversão pronunciada por estrangeiros. Ele pensou que poderia explicar melhor as coisas quando pudesse levar sua esposa para casa, depois da guerra; e ele tinha esperança de que, naquele período, um filho pudesse nascer, e que tal acontecimento suavizaria a ira de sua mãe.

Porém, todos os seus planos foram destruídos por sua morte. Aparentemente, ele estava esforçando-se para salvar a vida de um ferido com muito mais gravidade — na verdade, fatalmente. Eles conseguiram entrar em um buraco de granada, e o curso da guerra arrastou-os, deixando-os de lado. O oficial moribundo esforçou-se, ao máximo, para escrever seu último testamento, mas tinha grandes dúvidas se o documento seria encontrado, e caso fosse, se cairia em mãos certas, e se mesmo assim ainda, seria considerado legal. Felizmente, ele possuía uma caneta-tinteiro, porém, nenhum papel, exceto a última carta que recebera de sua esposa. Havia no final uma página em branco, e ele, então, começou a escrever da melhor maneira que pôde, reconhecendo que tinha muito pouco tempo.

Ele planejou, embora com grande dor, e rapidamente falhando em expressar, clara e definitivamente, seu desejo de que todos os seus bens passassem para sua esposa, cujo endereço ele forneceu; e também acrescentou um pedido para que quem encontrasse esse documento, enviasse-o ao seu advogado em Londres. Após assiná-lo, ele implorou ao soldado moribundo, que estava ao lado, que anexasse sua assinatura como testemunha; o homem tentou fazê-lo, mas a caneta caiu de sua mão quando ele havia escrito apenas duas ou três letras de seu nome, e em poucos minutos o oficial e o soldado faleceram.

Esforçamo-nos para tranquilizá-lo, dizendo-lhe que aqueles que enterrassem o corpo certamente encontrariam o papel caído ao lado, e cuidariam dele. Mas ele tinha muitas dúvidas; primeiro, ele declarou que o lugar onde caiu era um canto remoto, que não podia ser visitado, visto que o curso da batalha havia retrocedido rapidamente; em segundo lugar, ele temia que a chuva pudesse obliterar a escrita que já estava manchada de sangue; em terceiro lugar, mesmo que fosse encontrado, enquanto ainda legível, poderia facilmente ser incluído entre os seus outros pertences, e enviado para sua mãe, ao invés de para seu advogado. Sua grande esperança era que o filho que sua esposa já esperava pudesse provar ser seu, e sua ansiedade era que o direito daquele filho pudesse ser provado.

Ele pensou que, nessas circunstâncias, uma holografia, embora não testemunhada, provavelmente seria aceita. Constatou-se que havia perto um velho amigo dele de escola, e parecia-nos que, de modo geral, nossa linha esperançosa de esforço seria a de buscar, de alguma forma, influenciar esse amigo. No entanto, ele mostrou-se estúpido, como os amigos tantas vezes o fazem; e, nesse caso, também, após muitas tentativas infrutíferas de transferência de pensamento, tivemos que recorrer à materialização do jovem auxiliar. Várias dificuldades surgiram, mas uma a uma foram superadas, e, por fim, o amigo foi conduzido ao corpo do oficial, sendo o testamento devidamente descoberto, e encaminhado ao advogado. Portanto, a mente do homem falecido repousou, e, aparentemente, não há dúvida de que, tanto quanto possível, os seus desejos serão realizados.

ALGUNS CASOS MENORES

Algumas vezes os nossos auxiliares juniores tornavam-se mais diretamente úteis no Plano Físico. Por exemplo, quando alguns camponeses fugiram loucamente dos soldados alemães que chegaram em suas cabanas, incendiando-as, os nossos jovens guiaram quatro desses fugitivos a uma pequena caverna à beira de um rio, onde se esconderam até que os alemães tivessem terminado seu violento trabalho, e então prosseguissem. Em seguida, eles voltaram para a aldeia, e deram um jeito de apagar as chamas em uma das casas. Naquela noite, todos dormiram lá, e no dia seguinte seguiram para uma aldeia vizinha que havia escapado da depredação dos saqueadores.

Poucos dias depois, Cyril salvou mais duas vidas — a de um menino e de uma menina. Eles foram os únicos sobreviventes de uma aldeia, já que os alemães haviam matado todas as outras crianças. De alguma forma, os dois conseguiram esconder-se, e quando os soldados deixaram a aldeia queimada, tentaram fugir sem serem vistos. Conseguiram escapar por entre as casas, mas foram interrompidos pelas rápidas manobras dos exércitos, e quando Cyril os encontra, eles estavam novamente escondidos, desta vez em uma depressão em forma de taça no chão, no meio de um matagal, por onde bolas de canhões e balas caíam incessantemente. A leve depressão salvou-os dos tiros, mas os alemães estavam no pequeno bosque, e as crianças corriam o risco de serem, por eles, apanhadas e mortas. Por um longo tempo, a batalha se desenrolou sobre suas cabeças, enquanto eles jaziam na lama e, finalmente, os alemães foram expulsos da floresta. Aparentemente, os Aliados não a ocuparam, e a luta continuou ao redor deles, dia e noite, de modo que não ousaram mover-se. O frio e a umidade eram terríveis e, quando Cyril os encontrou, não haviam se alimentado, por dois dias, e o garoto havia tirado quase todas as roupas para cobrir a menina que, embora menos aquecida, não estava muito melhor.

Cyril materializou-se, mas eles ficaram com muito medo, sem compreenderem, porque não podiam imaginar quem ele poderia ser, ou como ele veio parar ali. Então ele chamou o seu amigo mais velho, que explicou, convencendo-os de que não pretendiam fazer-lhes mal. Cyril primeiro derramou calor e força no menino, e quando ele declarou que estava com muito calor, nosso jovem auxiliar encontrou um pouco de pão e salsicha na mochila próxima a um soldado morto. Mesmo naquele extremo, o menino alimentou primeiro a irmã, porém, felizmente, outros soldados mortos tinham provisões, então havia o suficiente para ambos. Então, quando ficaram mais fortes, Cyril levou-os embora. Eles não tinham ideia de qual caminho era menos perigoso, mas é claro que Cyril, ao erguer-se no ar, poderia ver todo o campo de batalha e calcular as chances. Encorajou-os e ajudou-os, e finalmente trouxe os dois para o fundo da linha de fogo, e a um grupo de soldados franceses, esse deu-lhes um pouco de comida, e encaminhou-os para um hospital de campanha, onde uma enfermeira levou-os pelas mãos para dormir, cobrindo-os com um manto. Estavam, então, perfeitamente seguros, e algumas das bondosas pessoas cuidaram deles, pois todos os seus parentes haviam sido mortos.

Em outro caso, havia uma longa ponte sobre um rio, e uma garotinha teve a ideia de que, cruzando-a, conseguiria um pouco de pão para sua mãe, e também para alguns pequeninos que estavam morrendo de fome. Havia soldados por toda parte, e era claramente uma expedição perigosa, mas ela esperou pelo que considerava uma oportunidade favorável, e então começou a cruzar. Mas ela estava apenas no meio da longa passagem quando uma grande multidão de soldados, derrotados, desceu sobre a ponte, e correu loucamente atrás dela, e, enquanto corriam, o inimigo perseguidor atirava granadas entre eles. Um grande número de homens avançou aos tropeços, lutando tão desesperadamente por espaço para escaparem, que pisotearam uns aos outros, e alguns foram até mesmo atirados pelas laterais da ponte. A menina não tinha como escapar, e ficou paralisada de horror — muito fraca também de fome. Instantaneamente, Cyril se materializou, ajudando-a a descer da ponte, fazendo-a espremer-se embaixo, entre duas escoras, agarrando-se a elas. Em segurança, ela permaneceu lá embora tremendo de terror, até que ambos, os fugitivos e os perseguidores tivessem passado, e então ela escalou de volta e retomou sua missão de misericórdia.

Atualmente, Cyril descobriu uma nova linha de funcionalidade — salvar navios das minas, tentando influenciar a mente do timoneiro. Claro que ele, em seu corpo astral, podia distinguir sem dificuldade uma mina, e ele teve sucesso em induzir vários homens a evitar tais armadilhas. Penso que, a princípio, ele tentou dizer ao timoneiro que havia uma mina em seu caminho, mas aparentemente não foi fácil colocar a ideia em sua cabeça. Em seguida, ocorreu a Cyril fazê-lo desviar por alguns minutos de seu verdadeiro curso — apenas o suficiente para permitir que ele evitasse o obstáculo. Então, ele permitiu que o homem acordasse, por assim dizer, e esse ficou surpreso ao descobrir que estava falhando, e imediatamente alterou o leme, esperando que ninguém tivesse observado seu deslize, que ele atribuiu ao fato de ter adormecido por alguns momentos. Em outro caso, um oficial percebeu a ligeira mudança de curso, e insultou o timoneiro, que, em grande confusão, imediatamente retornou ao curso, porém, felizmente, já estava fora de perigo. O sucesso de Cyril nisso foi peculiar, pois não é fácil enganar um experiente contramestre quanto ao seu curso. Em outro caso, ele não conseguiu fazer o timoneiro alterar seu curso, sendo assim, como havia um sério perigo, Cyril materializou uma mão e girou ele mesmo o volante. O homem viu a mão, largou o volante com um grito de terror, e fugiu da ponte. Houve alguns minutos de confusão, durante os quais Cyril desviou o navio da mina e, quando o oficial apareceu, e assumiu o controle, eles estavam fora de perigo. Eles decidiram que o marinheiro tinha bebido ou sonhado, e ele foi bastante ridicularizado, mas ele corajosamente afirmou que uma pequena mão branca tinha agarrado o leme, e ele, claramente, sentiu o movimento da roda sob sua pressão. Será uma boa história de fantasmas para os marinheiros que estão prontos para acreditar em qualquer coisa sobrenatural?

ETHAN

Outro caso foi o do pequeno Ethan, cujo pai foi morto nos primeiros dias da guerra. Sua mãe morreu quando ele era bem pequeno, por isso, ele e seu pai, ao ficarem sozinhos, tornaram-se amigos bem próximos. Ethan quase venerava o homem alto e forte, que sempre foi tão gentil e quieto com ele, embora com outras pessoas, surgindo a ocasião ele podia falar com severidade. O menino sempre conseguia entender o que o pai lhe ensinava, e os dois costumavam discutir muitos assuntos, que geralmente não são estudados por meninos de oito anos de idade. Havia uma simpatia curiosamente forte entre eles, e cada um, por muitas vezes, sabia sem palavras o que o outro estava pensando. Quando o pai foi para a guerra, ele deixou Ethan aos cuidados de seu primo mais velho, um homem alegre e barulhento com uma família grande e barulhenta.

Todos eram extremamente gentis com Ethan, de acordo com sua visão, mas não era incomum que não o entendessem nem um pouco. Quando seu pai foi morto, eles ficaram profundamente chocados e cheios de intensa comiseração, embora desajeitada. Ethan não era o órfão negligenciado da ficção; seus parentes fizeram o que puderam para consolá-lo e valorizá-lo, e se deram ao trabalho de ver que toda a propriedade de seu pai estava absolutamente garantida a ele. Ele estava bastante consciente de sua intenção gentil, e grato por isso; mas isso não alterava o fato de que ele sentia falta do pai, em todos os momentos em que estava acordado, e nada de que essas outras pessoas fizessem compensava a ausência. Ele estava visivelmente enfraquecendo — aparentemente morrendo de coração partido, e eles estavam muito preocupados sem saber o fazer.

Cheio de ansiedade, o seu pai esteve todo o tempo pairando sobre ele. Eles ficavam juntos como antes, todas as noites, assim que Ethan deixava seu corpo, e o menino ficava espantosamente feliz; porém, não mantinha nenhuma lembrança clara do que acontecera quando acordava, embora sempre houvesse a sensação de que havia algo maravilhoso e belo. Assim, todas as manhãs ele tinha um ou dois momentos de felicidade e, então, lentamente acordava com uma sensação enfadonha de vazio e miséria.

Foi tentando ajudar o pai que a atenção de Cyril foi atraída pela primeira vez para esta pequena e estranha tragédia; mas sua simpatia pelo pequeno Ethan foi intensa, assim que percebeu a situação, e ele decidiu fazer todos os esforços possíveis para resgatá-lo da fatal melancolia que estava minando sua vitalidade. Obviamente, era necessário fazê-lo lembrar-se, na vida física, de sua experiência quando estava longe do corpo; mas todas as tentativas nessa direção foram infrutíferas, pois ele não tinha ideia de nada do gênero, e portanto sua mente estava fechada para essa possibilidade.

Na vida astral, Cyril conquistou a confiança do tímido Ethan, e eles se tornaram grandes amigos; mas todas as instruções de Cyril, para que o pequeno menino transpusesse o abismo, pareceram em vão.

Por fim, Cyril, desesperado, recorreu à panaceia da materialização; uma manhã ao acordar, ele voltou com Ethan à vida física, de modo que esse o encontrou de pé, ao lado de sua cama, em um corpo denso. Quando os olhos de Ethan se abriram, Cyril disse:

"Agora você me conhece perfeitamente, não é? Você se lembra de como eu segurava a sua mão, um momento atrás, enquanto seu pai segurava a outra?"

"Sim, Sim!" Gritou Ethan excitado; "Mas onde está o pai agora?"

"Ele ainda está segurando sua mão, mas agora você não pode vê-lo, embora seus olhos estejam abertos. Por alguns momentos, eu posso fazer você me ver; não posso fazer você vê-lo, porém, posso fazer você sentir a mão dele ".

"Eu a sinto", disse Ethan; "Eu a conheceria, mesmo diante de todas do mundo".

Quando a conexão aconteceu, Ethan foi capaz de se lembrar de tudo o que seu pai havia lhe contado; e na manhã seguinte, Cyril o fez relembrar, sem que fosse preciso materializar mais do que o aperto das duas mãos — de um lado, a grande mão do pai, e do outro, a dele. Então, a cada manhã, Ethan lembra mais e mais, e Cyril ensina, rapidamente, Teosofia para o pai e o filho. Ethan está notavelmente feliz, e, de forma rápida, recupera a cor e força de seu corpo físico; porém, seus parentes não conseguem entender a sua recuperação, da mesma forma que não entendiam sua doença, e ele nunca será capaz de explicar!

18. Outros Ramos do Trabalho

Voltando agora do importantíssimo trabalho entre os mortos à consideração do trabalho entre os vivos, devemos fazer uma referência a um ramo importante desse trabalho, o qual, se não fosse notado, tornaria este estudo da obra dos auxiliares invisíveis, na verdade, incompleto; trata-se da grande parte do trabalho que é feito por sugestão, isto é, simplesmente pondo bons pensamentos nos espíritos aptos a recebê-los.

Que não haja equívoco sobre o que acaba de ser escrito. Seria perfeitamente fácil — fácil a um ponto inteiramente incrível a qualquer pessoa que não compreenda praticamente o assunto — a um auxiliar dominar o espírito de qualquer indivíduo normal, e fazê-lo pensar o que quisesse, e isso sem ele levantar a mais leve suspeita de influência estranha em sua mente. Mas, por admirável que pudesse ser o resultado, este processo seria inteiramente inadmissível. Tudo o que pode ser permitido fazer é lançar um bom pensamento na mente da pessoa como uma das centenas de pensamentos que constantemente o atravessam; se o indivíduo o aceita, o torna seu e age no sentido dele, são coisas que dependem inteiramente do próprio indivíduo. Se as coisas se dessem de outro modo, é claro que todo o bom *Karma* da ação caberia apenas ao auxiliar, porque o indivíduo influenciado teria sido apenas um joguete, e não um agente — e não é isso que se deseja conseguir.

O auxílio dado desta forma assume aspectos extremamente variados. O consolo dos que estão sofrendo ou aflitos imediatamente se apresenta, assim como o esforço para guiar para a verdade aqueles que a buscam com seriedade. Quando um indivíduo está dedicando o seu constante pensamento a qualquer problema espiritual ou metafísico, é muitas vezes possível colocar a solução em sua mente, sem que ele tenha consciência que isso está surgindo de um agente externo.

Um aluno também pode muitas vezes ser empregado como um agente, no que dificilmente pode ser descrito de outra forma senão como resposta à oração; porque, conquanto seja verdade que qualquer desejo espiritual sincero, tal como se supõe que se pode conceber como manifestando-se em oração, é ela própria uma força que automaticamente produz certos resultados, também é certo que um esforço espiritual desses oferece uma oportunidade de influência aos Poderes do Bem, e eles não tardam em se valer dessa oportunidade; e às vezes é o privilégio de um dedicado auxiliar ser o canal através do qual a energia desses Poderes se derrama. O que afirmamos da prece é ainda mais verdade com respeito à meditação, para aqueles a quem esse exercício mais elevado é uma possibilidade.

Além destes métodos mais gerais de auxílio, existem outros que são acessíveis apenas a uma minoria. Repetidas vezes, competentes alunos têm sido empregados para sugerir pensamentos verdadeiros e belos a autores, poetas, artistas e músicos; mas é claro que não é qualquer auxiliar que pode ser usado para este fim.

Às vezes, embora mais raramente, é possível avisar um indivíduo do perigo que para o seu desenvolvimento moral há uma determinada ordem de pensamento pelos quais se está guiando, e assim afastar más influências de qualquer pessoa ou lugar, ou contrariar as maquinações de magos negros. Não é frequente que instruções sejam dadas a pessoas alheias ao círculo de estudantes do oculto, referente às grandes verdades da Natureza, mas às vezes é possível fazer qualquer coisa neste gênero, colocando diante da mente de um pregador ou de um professor uma ordem mais vasta de pensamentos, ou uma noção mais liberal de qualquer assunto, do que ele espontaneamente manifestaria.

Há outra aplicação desse método de sugestão mental que é da mais alta importância, embora por sua própria natureza seja aberta apenas aos membros mais avançados do grupo de auxiliares. Da mesma forma que as pessoas comuns podem receber auxílio em seus problemas pessoais, e podem receber conselho e orientação em assuntos que afetam diretamente somente um pequeno número daqueles que estão intimamente associados a elas, também podem ser oferecidas, de forma respeitosa, sugestões àqueles que têm muito poder e responsabilidade nos mundos político ou religioso — aos reis e seus patrões, aos chefes de grandes departamentos da Igreja ou do Estado, aos líderes do pensamento cujas palavras podem influenciar milhares; sugestões que, se aceitas e traduzidas em ação, podem beneficiar nações inteiras e afetar materialmente o progresso do mundo.

Seja como for, lembre-se de que por trás de todo o aparente caos de ganância e egoísmo há uma evolução ordenada, uma poderosa Hierarquia de grandes Adeptos que constituem o verdadeiro governo interno do mundo, e em Sua cabeça a figura resplandecente do Iniciador Único, o Rei espiritual que representa neste planeta o *Logos* do Sistema Solar. Sob Sua sábia direção, lentamente através das eras, a maré irresistível da evolução avança continuamente. Embora as ondas individuais que o formam aumentem e diminuam, avançam e recuam, ainda assim elas sempre retornam com força cada vez maior até que Seu propósito divino seja cumprido e a terra seja preenchida com a glória de Deus enquanto as águas cobrem o mar.

É sob a orientação dessa Hierarquia que nosso grupo de auxiliares continua seu trabalho, e assim ocorre que, conforme um estudante de ocultismo progride no Caminho, ele atinge uma esfera de utilidade cada vez mais ampla. Em lugar de auxiliar apenas indivíduos, aprende como auxiliar classes, nações e raças, e recebe uma porção cada vez maior do trabalho, mais elevado e importante, executado pelos próprios Adeptos. À medida que adquire o poder e conhecimento necessários, ele começa a exercer as forças superiores da mente e dos Planos Astrais, e recebe indicação de como melhor aproveitar de cada influência cíclica favorável. É colocado em contato com aqueles grandes *Nirmanakayas* que às vezes são simbolizados como as Pedras da Muralha Guardiã, e torna-se — primeiro, é claro, na mais humilde das capacidades — um do grupo dos seus esmoleres, aprendendo como são difundidas aquelas forças que são o fruto do sublime sacrifício de si próprios. Assim vai subindo cada vez mais até que, chegando por fim ao grau de Adepto, pode tomar a sua parte da responsabilidade que pesa sobre os Mestres da Sabedoria e auxiliar outros a seguir o caminho que ele próprio percorreu.

No Plano Mental, o trabalho é um pouco diferente, visto que ali o ensino pode ser dado e recebido de uma maneira muito mais direta, rápida e perfeita, e as influências postas em ação são infinitamente mais poderosas, por agirem num nível tão superior. Mas (ainda que seja por enquanto inútil referirmonos a esse plano, pois que pouquíssimas são as pessoas capazes de nele funcionar durante a vida) aqui também — e mesmo mais acima — há sempre muito trabalho a fazer, logo que nos tornamos capazes de o tomar sobre nós; e, certamente, não há por que recear que, durante milênios sem conta, venhamos alguma vez a encontrar-nos sem ter aberta diante de nós uma carreira de utilidade altruísta.

19. As Qualificações Requeridas

Como, pode-se perguntar, devemos nos tornar capazes de participar desta obra grandiosa? Bem, não há mistério quanto às qualificações que são necessárias para quem aspira a ser um auxiliar; a dificuldade não está em saber quais elas são, mas em desenvolvê-las em nós. Até certo ponto, elas já foram incidentalmente descritas, mas não deixa de ser conveniente que sejam apresentadas de forma completa e categórica.

1. Unidade de espírito. O primeiro requisito é que tenhamos reconhecido a grande obra que os Mestres querem que façamos, e que ela seja para nós o único grande interesse das nossas vidas. Devemos aprender a fazer a distinção, não só entre o trabalho útil e o inútil, mas também entre as várias espécies de trabalho útil, de modo que possamos entregar-nos ao mais alto que somos capazes de fazer, e não perder o nosso tempo tratando de qualquer coisa que, por boa que seja para o indivíduo que não pode fazer nada melhor, é indigna de conhecimento e da capacidade que devem ser nossos como teósofos. Um indivíduo que queira ser considerado apto a trabalhar em planos superiores, deve começar por fazer o que puder no sentido de um trabalho definido para a Teosofia aqui neste plano.

Está claro que em nenhum momento pretendo dizer que devemos negligenciar os deveres quotidianos da nossa vida. Certamente faríamos bem em não assumir novos deveres mundanos, de qualquer tipo, mas aqueles que já nos pesam nos ombros são uma obrigação *kármica* que não temos o direito de negligenciar. A não ser que tenhamos cumprido integralmente os deveres que o *Karma* nos impôs, não estamos ainda livres para o trabalho superior. Este trabalho superior deve, porém, ser para nós a única coisa para que realmente vale a pena viver — o fundo constante de uma vida que é consagrada ao serviço dos Mestres da Compaixão.

2. Perfeito domínio de si próprio. Antes que possamos entregar-nos com segurança aos poderes maiores da vida astral, devemos ter obtido um perfeito domínio de nós próprios. O nosso temperamento, por exemplo, deve estar totalmente sobre controle, de modo que nada que vejamos ou ouçamos possa nos causar verdadeira irritação, porque as consequências dessa irritação seriam para nós muito mais graves naquele plano do que neste. A força do pensamento é sempre um poder enorme, mas neste mundo é reduzida e amortecida pelas pesadas partículas cerebrais físicas que tem de pôr em movimento. No mundo astral é muito mais livre e mais potente, e se um indivíduo com essa faculdade plenamente acordada sentisse raiva contra qualquer pessoa ali, isso importaria causar-lhe um dano grave e talvez fatal.

Não só precisamos dominar o nosso temperamento, mas também os nossos nervos, para que nenhum dos espetáculos fantásticos ou terríveis que encontramos, possa abalar a nossa coragem invencível. Não devemos esquecer que o aluno que desperta um indivíduo no mundo astral, fica tendo certa responsabilidade pelos seus atos e a sua segurança, de modo que, a menos que o seu neófito tenha coragem de ficar sozinho, todo o tempo do trabalhador mais antigo se gastará em pairar constantemente em torno dele para o proteger, o que seria manifestamente absurdo esperar que se fizesse.

É para garantir a existência deste domínio dos seus nervos, e para os preparar para a obra a realizar, que os candidatos têm sempre que passar, como antigamente, pelas chamadas provas da terra, da água, do ar e do fogo. Em outras palavras, eles têm que aprender com aquela absoluta certeza advinda da prática, e não pela teoria, que em seus corpos astrais nenhum desses elementos pode de modo algum causar dano — que ninguém pode se opor a qualquer obstáculo na forma como tenham de fazer o trabalho.

Neste corpo físico, estamos absolutamente convencidos de que o fogo nos queimará, que a água nos afogará, que a rocha sólida forma um obstáculo absoluto ao nosso avanço, que não podemos com segurança projetar-nos sem suporte pelo ar que nos cerca. Estas crenças estão tão profundamente enraizadas em nós, que custa muito à maioria dos indivíduos dominar o gesto instintivo que dela decorre, e compreender que, no corpo astral, o mais denso dos rochedos não pode impedir a sua liberdade de movimentos, que pode sem receio saltar do mais alto dos píncaros e atirar-se confiadamente para o meio do mais violento dos vulcões ou o mais fundo dos abismos do mar.

No entanto, até que o indivíduo não aprende isto — enquanto não sabe o suficiente para agir, de forma instintiva e confiante, de acordo com o seu conhecimento — ele é comparativamente inútil para o trabalho astral, visto que, em conjunturas que constantemente estão surgindo, ele se encontraria perpetuamente paralisado por dificuldades imaginárias. Por isso tem que atravessar essas provas e várias outras experiências estranhas — encontrar frente a frente, e sem o menor receio, as aparições mais terríveis em meio ao ambiente mais repugnante — para mostrar, em suma, que possui nervos totalmente confiáveis, em quaisquer circunstâncias e momentos em que ele possa se encontrar.

Além disso, é indispensável o domínio das ideias e dos desejos; das ideias, porque sem o poder de concentração seria impossível trabalhar competentemente em todas as correntes variadas do Plano Astral; dos desejos, porque, naquele estranho mundo, desejar é muitas vezes obter, e, a não ser que tivéssemos bem dominada esta parte da nossa natureza, poderíamos talvez encontrar-nos frente a frente com criações da nossa mente de que nos sentíssemos verdadeiramente envergonhados.

3. Calma. É este outro ponto importantíssimo — a ausência de toda a preocupação e depressão. Grande parte do trabalho consiste em acalmar os que estão perturbados e animar os que estão tristes; e como o poderá fazer um auxiliar se a sua própria aura estiver vibrando com a constante confusão e preocupações, ou a cinzenta mortal tristeza que nasce da depressão perpétua? Nada há mais completamente pernicioso para o progresso oculto ou a utilidade oculta, do que o nosso hábito mo-

derno de incessantemente nos contrariarmos com ninharias —
de eternamente tomar os montículos por montanhas. Muitos de
nós simplesmente gastamos nossas vidas ampliando as triviali-
dades mais absurdas — em trabalhar, solene e persistentemente,
para nos tornarmos miseráveis por quase nada.

Nós, que somos teósofos, devíamos, ao menos, ter já
abandonado este estágio de preocupação irracional e depressão sem causa; devíamos, nós, que tentamos adquirir um conhecimento certo da ordem cósmica, já ter compreendido que
a visão otimista de todas as coisas é a que está mais próxima da
visão divina, e, portanto, da verdade, porquanto só aquilo que
em qualquer pessoa é bom e belo pode, em qualquer hipótese,
ser permanente, ao passo que o mau tem, por sua natureza, de
ser transitório. De fato, como disse Browning: "o mal é nulo, é
nada, é o silêncio implicando o som", ao passo que acima e além
dele "a alma das coisas é suave, o Coração do Ser é descanso celestial." Por isso, Eles que sabem mantêm uma calma inalterável,
e à Sua perfeita simpatia juntam a serenidade contente de quem
sabe que tudo acabará por ficar bem; e quantos queiram auxiliar
devem seguir o Seu exemplo.

4. Conhecimento. Para ser útil, o indivíduo deve ao menos ter algum conhecimento da natureza do plano em que tem
que trabalhar, e quanto maiores forem os conhecimentos que
tiver em qualquer sentido, mais útil poderá ser. Deve preparar-
se para esta tarefa estudando cuidadosamente quanto se tem escrito sobre o assunto nos livros teosóficos; porque não pode esperar que aqueles cujo tempo já está tomado, gastem parte dele
a explicar-lhe o que ele podia ter aprendido aqui pela leitura de
alguns livros. Quem não for já um estudioso tão atento, quanto
o permitam as suas oportunidades e inteligência, deve começar
a pensar em si mesmo como um candidato competente para o
trabalho astral.

5. Amor. Esta, a última e a maior de todas as qualificações, é também a mais mal compreendida. Por certo que não
se trata do sentimentalismo reles e vulgar, sem espinha dorsal,
que está sempre manifestando-se através de vagas banalidades e

generalidades difusas, mas que teme manter-se firme pelo que é justo com o receio de que seja rotulado pelos ignorantes de "não fraternal." O que é preciso é o amor que é suficientemente forte para não se apregoar, mas para agir sem falar — o intenso desejo de dedicação que está sempre à procura de uma oportunidade para apresentá-lo, ainda que seja anonimamente — o sentimento que nasce no coração daquele que compreendeu a grande obra do *Logos*, e, uma vez tendo-a compreendido, sabe que para si não pode haver outro caminho, nos três mundos, senão o de se identificar com ela quando possa — torna-se, por humildemente que seja e pela distância a que o faça, um pequeno conduto daquele maravilhoso amor de Deus, que, como a paz do Senhor, está além da nossa compreensão.

São estas as qualidades cuja posse o auxiliar deve constantemente procurar obter, e das quais tem por força conquistar uma grande parte antes que possa esperar que os Grandes Seres, que estão por detrás, o julguem digno de ser acordado inteiramente. O ideal é na verdade elevado, mas ninguém precisa, portanto, dele se afastar dele, desanimado, ou pensar que, enquanto não está senão a procurá-lo ansiosamente, deve necessariamente permanecer inteiramente inútil no Plano Astral, porque, aquém dos perigos e das responsabilidades daquele despertar completo, há muito que possa fazer com utilidade e segurança.

Quase todos nós somos capazes de praticar pelo menos um nítido ato de bondade e misericórdia cada noite, ao estarmos longe dos nossos corpos. A nossa condição ao dormirmos é, em geral, de absorção nos pensamentos — de continuação dos pensamentos que especialmente nos ocuparam de dia, e sobretudo do último pensamento que tivemos antes de adormecer. Ora, se fizermos desse último pensamento uma forte intenção de ir auxiliar alguém que sabemos que precisará de auxílio, a alma, quando liberta do corpo, sem dúvida, realizará essa intenção, e o auxílio será dado. Há vários casos conhecidos em que, quando esta tentativa se fez, a pessoa em quem se pensou teve plena consciência do esforço de quem a desejava auxiliar, tendo mesmo, às vezes, visto o seu corpo astral a realizar as instruções que lhe foram dadas.

Na verdade, ninguém precisa se entristecer com o pensamento de que não pode ter parte ou papel neste trabalho glorioso. Esse sentimento seria inteiramente falso, porque quem pode pensar, pode ajudar. E essa ação auxiliadora não necessariamente deverá estar limitada às horas de sono. Se você conhece (e quem não conhece?) alguém que esteja sofrendo ou triste, ainda que você não seja capaz de ficar conscientemente em forma astral à sua cabeceira, você pode, no entanto, enviar-lhes pensamentos dedicados e bons votos; e pode convencer-se de que esses pensamentos e desejos são reais, vivos e fortes — que, quando efetivamente você os envia, eles realmente vão executar a sua vontade na proporção da força com que os animou. Os pensamentos são coisas intensamente reais, absolutamente visíveis àqueles cujos olhos foram abertos ao ponto de poderem vê-los, e por meio deles o mais pobre dos homens pode ter a sua parte nas boas obras do mundo, tão seguramente como o mais rico. Deste modo, pelo menos, quer possamos funcionar conscientemente no Plano Astral, quer não, podemos e devemos todos fazer parte do exército dos auxiliares invisíveis.

Mas o aspirante, que realmente deseje formar parte do grupo de auxiliares astrais que trabalham sob a direção dos grandes Mestres da Sabedoria, fará a sua preparação parte de um esquema de desenvolvimento muito mais amplo. Em lugar de tentar apenas se tornar apto para este ramo especial do Seu serviço, determinará, com uma resolução elevada, preparar-se para seguir os Seus passos, concentrar todas as energias da sua alma para obter o que Eles obtiveram, de sorte que o seu poder de auxiliar o mundo não se limite ao Plano Astral, mas se estenda até àqueles níveis superiores que são o domicílio da personalidade divina do indivíduo.

Para ele o caminho foi talhado há muito tempo pela sabedoria daqueles que antigamente o trilharam — um caminho de desenvolvimento próprio, que, mais tarde ou mais cedo, todos têm de seguir, quer queiram agora adotá-lo por sua livre vontade, quer esperem até que, após muitas vidas e uma infinidade de sofrimentos, a força lenta e irresistível da evolução os arraste por ele afora, entre os preguiçosos da família humana. Mas sábio é aquele que ardentemente, e logo, entra para esse caminho, voltando-se resolutamente em direção à meta do Adepto para que, uma vez livre para sempre de toda a dúvida, de todo o receio e de toda a tristeza, possa auxiliar os outros a obter também a segurança e a felicidade. Quais são os degraus deste Caminho da Santidade, como lhe chamam os budistas, e em que ordem estão dispostos — eis o que veremos no capítulo seguinte.

20. O Caminho Probacionário

Os livros orientais ensinam-nos que há quatro meios pelos quais um indivíduo pode ser levado à entrada do caminho do progresso espiritual. 1.º — Pela companhia daqueles que já entraram nele. 2.º — Escutando ou lendo nítidos ensinamentos sobre a filosofia oculta. 3.º — Pela reflexão esclarecida, isto é, pela própria força de pensamento constante e raciocínio aproximado, ele pode chegar à verdade, ou à parte dela, por si próprio. 4.º — Pela prática da virtude, o que significa dizer que por uma longa série de vidas virtuosas, ainda que não implique necessariamente um aumento de intelectualidade, acaba por desenvolver num indivíduo a intuição suficiente para que ele compreenda a necessidade de entrar para o caminho, e para que ele veja em que direção esse caminho está.

Quando, por um ou outro destes meios, ele chegou a este ponto, o caminho para o mais alto grau de Adepto está diante dele, se ele o quiser seguir. Ao escrever para estudiosos do Ocultismo, é quase desnecessário dizer que no nosso atual estágio evolutivo não podemos esperar aprender tudo, ou quase tudo, a respeito do que não seja os ínfimos degraus desta senda; ao passo que dos superiores pouco sabemos além dos nomes, ainda que por vezes possamos obter vislumbres ocasionais da glória indescritível que os cerca.

Segundo os ensinamentos esotéricos, esses graus agrupam-se em três grandes divisões:

1.º O período de provação, antes que quaisquer compromissos se tomem ou quaisquer iniciações (no pleno sentido da palavra) sejam dadas. Este leva o indivíduo até o nível preciso para passar com êxito através daquilo a que em obras teosóficas se chama o período crítico da Quinta Ronda.

2.º O período disciplinar, com compromissos, ou seja, o caminho propriamente dito, a cujos quatro estágios os livros orientais muitas vezes chamam as quatro sendas da santidade. Ao fim deste período, o aluno obtém o grau de Adepto — o nível a que a humanidade deve chegar no fim da Sétima Ronda. 3.º Aquele a que ousaremos talvez chamar o período oficial, em que o Adepto toma uma parte nítida sob a Grande Lei Cósmica no governo do mundo, e tem um mister especial relacionado com esse governo. Está claro que cada Adepto — cada aluno, mesmo, uma vez que seja já aceito, como já vimos nos capítulos anteriores — toma parte na grande obra de auxiliar a evolução humana; mas aqueles que estão nos níveis superiores tomam a seu cargo secções especiais, e correspondem, no esquema cósmico, aos ministros da coroa num Estado terrestre bem governado. Não nos propomos neste volume tentar sequer tratar deste período oficial; nenhuma informação a seu respeito veio alguma vez a público e todo o assunto está demasiadamente além da nossa compreensão para que o possamos utilmente tratar num livro. Limitaremo-nos, portanto, às duas primeiras divisões.

Antes que entremos em detalhes a respeito do período de provação, é bom referir que, na maioria dos livros santos do Oriente, este estágio é tido por meramente preliminar, e quase nem sendo parte do caminho, pois eles acham que para este só se entra quando nítidos compromissos são tomados. Bastante confusão tem sido causada pelo fato de que a enumeração dos estágios começa por vezes nesta altura, porém mais frequentemente, no princípio da segunda grande divisão, às vezes são contados os próprios estágios, outras vezes as iniciações dando entrada para eles ou saída deles, de sorte que, ao estudar esses livros, temos de estar constantemente a prevenir-nos contra um mal-entendido.

Este período de provação, porém, difere bastante, nas suas circunstâncias, dos outros dois; as linhas divisórias entre os seus estágios são menos claramente acusadas do que nos dos grupos superiores, e as qualificações não são nem tão definidas, nem tão exigentes. Mas será mais fácil explicar este último ponto depois de dar uma lista dos cinco estágios deste período, com as suas respectivas qualificações. Os quatro primeiros foram habilmente descritos pelo Sr. Mohini Mohun Chatterji na primeira Ata da Loja de Londres, e essa publicação deve ser consultada pelos leitores que quiserem definições mais detalhadas do que as que se seguem. Também se podem colher muitas e valiosas informações a este respeito nos dois livros da Senhora Besant: *O Caminho do Discipulado*[18] e no *Do Recinto Externo ao Santuário Interno*[19].

Os nomes dados aos estágios divergiram um pouco, porque naqueles livros se empregou a terminologia sânscrita hindu, ao passo que a nomenclatura páli, aqui empregada, é a do sistema budista; mas, ainda que o assunto seja, por assim dizer, olhado de outra face as qualificações exigidas redundarão nas mesmas quanto ao efeito, mesmo quando a forma exterior for diferente. No caso de cada palavra o simples sentido que ela tem no dicionário será primeiro dado entre parênteses; a sua explicação, que em geral é dada pelo professor, virá em seguida. O primeiro estágio, pois, chama-se entre os budistas:

1. *Manodvāravajjana* (o abrir das portas da mente, ou, talvez, o escapar pela porta da mente) — e nela o candidato adquire uma firme convicção intelectual da insubsistência e do nulo valor dos fins meramente materiais. Muitas vezes se chama a isto aprender a diferença entre o real e o irreal, e, aprendê-la exige por vezes muito tempo e muitas e difíceis lições. Mas é verdade que este deve ser o primeiro passo em direção a qualquer coisa que signifique um progresso real, pois que nenhum indivíduo poderá verdadeiramente entrar para o caminho até que tenha, definitivamente, decidido "dar a sua afeição às coisas de cima, e não às coisas da Terra", e tal decisão nasce da certeza de que nada na Terra tem valor, comparado à vida superior. Essa etapa é chamada pelos hindus de aquisição de *Viveka* ou

---

[18] BESANT, Annie. *O Caminho do Discipulado*. São Paulo: Ed. Pensamento. (N.E.)
[19] BESANT, Annie. *Do Recinto Externo ao Santuário Interno*. Brasília: Ed. Teosófica, 2019. (N.E.).

discernimento, e o Sr. A. P. Sinnett[20] refere-se a ele como sendo o prestar fidelidade ao Eu Superior.

2. *Parikamma* (preparação para a ação) — o estágio em que o candidato aprende a praticar o bem simplesmente por amor do bem, sem atender ao seu ganho ou perda, quer aqui quer no futuro, e adquire, como dizem os livros orientais, a perfeita indiferença para com o gozo do fruto das suas ações. Esta indiferença é o resultado natural do passo anterior; porque o neófito, uma vez que compreendeu o caráter irreal e impermanente de todas as recompensas terrestres, deixa de desejá-las; quando o fulgor do real atingiu a alma, nada que seja aqui de baixo pode continuar a ser objeto de desejo. A esta indiferença superior chamam os hindus *Vairagya*.

3. *Upachāro* (atenção ou conduta) — o estágio em que devem ser adquiridas as chamadas "seis qualificações" (*Shatsampatti* dos hindus). Chamam-se elas em páli:

a) *Samo* (quietude) — aquela pureza e calma do pensamento que provém de um perfeito domínio sobre a mente — qualificação extremamente difícil de conseguir, e contudo, absolutamente necessária, porque a não ser que a mente trabalhe só em obediência à vontade, não pode ser um instrumento perfeito para o trabalho do Mestre no futuro. Esta qualificação abrange muito, e inclui em si a calma e o domínio de si próprio que, no cap. 14 se disse serem indispensáveis para o trabalho astral.

b) *Damo* (subjugação) — um igual domínio e, portanto, pureza das nossas ações e palavras — qualidade essa que decorre naturalmente da que a antecede.

c) *Uparati* (cessação) — que se explica como sendo a cessação do fanatismo ou crença na necessidade de qualquer ato ou cerimônia prescrita por qualquer religião — levando, assim, o aspirante à independência do pensamento e a uma tolerância larga e generosa.

---

[20] Alfred Percy Sinnett (18 de janeiro de 1840 - 26 de junho de 1921). Foi Vice-Presidente da Sociedade Teosófica entre 1880-88, 1895-1907, 1911-1921, e atuou como Presidente por quatro meses em 1907, logo após a passagem de Henry Steel Olcott. Posteriormente, Sinnett foi presidente da Loja de Londres da Sociedade Teosófica. (N.E.)

d) *Titikkha* (paciência ou capacidade sofredora) — pelo que significa a prontidão de arcar calmamente com tudo quanto o nosso Karma nos imponha, e de nos separarmos de qualquer coisa que seja deste mundo sempre que seja necessário fazê-lo. Também envolve a ideia da absoluta ausência de rancor pelo mal que nos façam, visto que o indivíduo sabe que aqueles que lhe fazem mal não passam de instrumentos do seu próprio *Karma* .

e) *Samādhāna* (concentração) — inteireza e concentração da mente, implicando a incapacidade de ser desviado do seu caminho por qualquer tentação. Isto corresponde muito de perto à "unidade de espírito", de que se falou no capítulo anterior.

f) *Saddhā* (fé) — a confiança no nosso Mestre e em nós próprios, isto é, a confiança em que o Mestre é um instrutor competente, e que, por pouca que seja a confiança natural do aluno nas suas próprias forças, tem contudo em si aquela centelha divina que, quando estimulada até se tornar chama, um dia o tornará apto a realizar o que o seu Mestre realizou.

4. *Anuloma* (ordem direta ou sucessão, significando que a sua pessoa segue, como consequência natural das outras três) — o estágio em que se adquire aquele intenso desejo de libertação da vida terrestre, e de união ao altíssimo, a que os hindus chamam *Mumukshatva*.

5. *Gotrabhū* (a condição de estar apto para ser iniciado) — neste estágio o candidato reúne, por assim dizer, as suas aquisições anteriores, e fortalece-as até o grau necessário para o grande passo que se segue, que porá os seus pés sobre o caminho propriamente dito como discípulo aceito. A chegada a este nível é seguida de muito perto pela iniciação no grau seguinte. Em resposta à pergunta: "Quem é o *Gotrabhū*?" o Buda diz: "O homem que está de posse daquelas condições, às quais imediatamente se segue o princípio da santificação — eis o *Gotrabhū*."

A sabedoria necessária para que se receba o caminho da santidade chama-se *Gotrabhū-gnāna*.

Agora que rapidamente examinamos os estágios do período de provação, devemos acentuar a circunstância a que nos referimos no princípio — de que o perfeito conseguimento destas qualidades e qualificações não se pode esperar no nosso atrasado estágio atual. Diz o Sr. Mohini[21]: "Se todas elas são igualmente fortes, o grau de Adepto obtém-se já nesta encarnação." Mas está claro que um resultado destes é extremamente raro. É em direção a estas aquisições que o candidato deve dirigir todos os seus esforços, mas seria errôneo supor que ninguém tem sido admitido ao grau seguinte sem possuir todas elas plenamente. Nem sempre acontece elas se seguirem na mesma ordem necessária dos graus posteriores; de fato, há muitos casos em que um indivíduo vai desenvolvendo as várias qualificações, todas ao mesmo tempo — mais paralelamente do que em sucessão regular.

É evidente que pode bem acontecer que um indivíduo esteja percorrendo grande parte deste caminho mesmo sem saber da sua existência, e sem dúvida muito bom cristão, muito livre-pensador sincero, já estará bastante avançado na estrada que eventualmente o levará à iniciação, ainda que nunca tenha ouvido a palavra ocultismo em toda a sua vida. Refiro-me de caso pensado a estas duas classes de indivíduos, porque em todas as outras religiões o desenvolvimento oculto é reconhecido como uma possibilidade, e seria com certeza intencionalmente procurado por todos indivíduos que sentissem a necessidade de qualquer coisa mais satisfatória do que as crenças esotéricas.

Devemos também notar que os graus deste período de provação não são separados uns dos outros por iniciações, no verdadeiro sentido da palavra, ainda que realmente estejam cheios de provas e experiências de toda a espécie e em todos os planos, se bem que estas possam ser aliviadas por outras experiências animadoras, e por conselhos e auxílios sempre que estes podem ser dados com segurança. Temos por vezes a tendência a empregar a palavra iniciação sem precisão alguma, como quando, por exemplo, ela se aplica às provas a que acabamos de nos referir; propriamente falando, esse termo designa apenas a ceri-

---

[21] Mohini Mohun Chatterji (1858-1936) foi um advogado de Bengali e estudioso que pertencia a uma família proeminente que, por várias gerações, tinham ensinado entre hindus tradições religiosas e Cristianismo. Ele se juntou à Sociedade Teosófica em 1882 e tornou-se secretário-assistente da Loja de Bengala. (N.E.).

mônia solene em que um plano é formalmente admitido a um grau superior por um oficial nomeado, que, em nome do Iniciador Único, recebe o solene compromisso, e lhe põe nas mãos a nova chave da sabedoria que ele tem de usar no nível a que acaba de chegar. Essa iniciação dá-se à entrada a que nos vamos agora referir, e também à passagem de cada um dos seus graus para outro.

[Nota (para esta edição) — Achei melhor deixar este capítulo como foi originalmente escrito há mais de trinta anos. Mas muito tem acontecido desde então; afinal, a humanidade está evoluindo, embora lentamente, e a opinião pública mudou consideravelmente com referência a assuntos como os que trato neste livro, de modo que na literatura posterior nos foi permitido lidar com eles de forma mais completa. Se o interesse de algum leitor for despertado pela classificação bastante escassa e técnica das qualificações dadas acima — se ele sente dentro de si o desejo de buscar o Caminho da Santidade e nele entrar — eu sugeriria a leitura do recente livro que escrevi, especialmente sobre este assunto — *Os Mestres e o Senda* [publicado pela Editora Teosófica, Brasília, 2020. (N.E.)] no qual muitas informações adicionais podem ser encontradas. C. W. L.]

21. O Caminho Propriamente Dito

É nos quatro estágios desta divisão do caminho que as dez *Samyojana* ou grilhões que prendem o homem ao círculo do renascer e o afastam do *Nirvāna*, devem ser abandonadas. E é aqui que surge a diferença entre este período, em que se é um discípulo juramentado, e a provação anterior. Já não basta um êxito parcial na ruptura desses grilhões; antes que um candidato possa passar de um destes graus para outro, deve ficar inteiramente livre de determinados grilhões; e, quando se vir quais eles são, será visto o quão grande é esta exigência, e não causará pasmo a declaração feita nos livros sagrados, de que são às vezes precisas sete encarnações para atravessar esta parte do caminho. Cada um destes passos ou estágios é, por sua vez, subdividido em quatro, porque cada um tem (1) o seu Maggo, ou estrada, durante a qual o estudante está tentando desfazer-se dos grilhões; (2) o seu *Phala* (resultado ou fruto), quando vê os resultados da sua ação ao fazê-los revelarem-se mais e mais; (3) o seu *Bhavagga* ou consumação, o período quando, o resultado uma vez inteiramente obtido, ele pode já cumprir satisfatoriamente o trabalho que pertence ao ponto onde agora se encontra; e (4) o seu *Gotrabhū*, significando como antes, a ocasião em que chega a um estado de Adepto a receber a iniciação seguinte. O primeiro estágio é:

1. *Sotāpati* ou *Soham*. O aluno que chegou a este nível chama-se o *Sowani* ou *Sotāpanna* — "aquele que entrou na corrente" — porque, deste período em diante, ainda que possa demorar, ainda que possa sucumbir a tentações mais sutis e afastar-se um tempo do seu caminho, já não pode abandonar inteiramanente a espiritualidade e tornar-se uma criatura deste mundo. Entrou para a corrente da evolução humana decisivamente superior, a que toda a humanidade deve chegar pela altura do meio da ronda seguinte, a não ser que tenha deixado para

trás alguns fracassos temporários pela grande onda vital, para ficar à espera de prosseguir na outra cadeia de mundos.

O aluno que é capaz de receber essa iniciação, portanto, já ultrapassou a maioria da humanidade para uma extensão de uma ronda inteira dos nossos sete planetas, e, ao fazê-lo, escapou, de uma vez para sempre, à possibilidade de sair da corrente na quinta ronda. Por isso às vezes é chamado de "o salvo" ou "o seguro." É da má compreensão desta ideia que nasce a curiosa teoria da salvação promulgada por certa secção da comunidade cristã. A "salvação eônica", de que falam alguns dos seus documentos, não é uma blasfêmia como supuseram os ignorantes, uma salvação da tortura eterna, mas simplesmente de perder o resto desse "eon" ou "concessão", desviando-se da sua linha do progresso. É este, também, o verdadeiro sentido da célebre cláusula do credo atanásio. "Quem quer ser salvo, é necessário, antes de tudo, que tenha a fé católica" (ver *The Christian Creed* [*O Credo Cristão*], p. 91)[22]. Os grilhões que têm de ser abandonados antes de passar para o estágio seguinte são:

1. *Sakkāyaditthi* — a ilusão da personalidade.
2. *Vichikichchhā* — dúvida ou incerteza.
3. *Silabbataparāmasā* — superstição.

A primeira destas é a consciência de que "eu sou eu", a qual, em relação à personalidade, não passa de uma ilusão, de que o aluno tem de se desfazer logo ao primeiro passo no caminho ascensional. Mas quebrar este laço completamente envolve muito mais do que isto, porque implica a compreensão do fato de que a individualidade é, na verdade, una com o Todo, que não pode portanto ter interesses que sejam opostos aos interesses dos seus semelhantes, e que só está na verdade progredindo quando auxilia o progresso alheio.

Porque o próprio sinal e selo da obtenção do nível de *Sottapātti* é a primeira entrada do aluno para o Plano logo acima

---

[22] Este tema também foi tratado no livro *A Gnose Cristã*, Brasília: Editora Teosófica, 2019, do mesmo autor. (N.E.)

do Mental — aquele a que em geral chamamos *Búddhico*. Pode ser que seja — em verdade, será — apenas um leve contato com o subplano inferior daquela condição estupendamente exaltada que o aluno por enquanto pode sentir, mesmo com o auxílio do seu Mestre; mas mesmo esse contato é algo que nunca poderá esquecer — é algo que abre ante ele um novo mundo e revoluciona totalmente os seus sentimentos e ideias. Então, pela primeira vez, por meio da consciência ampliada daquele plano, ele compreende verdadeiramente a profunda unidade de tudo, não apenas como conceito intelectual, mas como fato nítido, patente aos seus olhos desvendados; então, pela primeira vez, ele sabe qualquer coisa do mundo, em que vive — então, pela primeira vez, obtém um vislumbre do que devem ser o amor e a compaixão dos grandes Mestres.

Quanto ao segundo grilhão, é preciso uma palavra de advertência. Nós, educados nos hábitos europeus de pensamento, estamos, infelizmente, tão familiarizados com a ideia de que uma adesão irracional e cega a certos dogmas deve ser exigida a um discípulo, que ao lermos que o Ocultismo considera a dúvida como um obstáculo ao progresso, iremos naturalmente supor que ele exige dos seus crentes a mesma cega fé que as modernas superstições exigem. Esta ideia não poderia ser mais errônea.

É certo que a dúvida (ou antes a incerteza) em certos assuntos é um obstáculo ao progresso espiritual, porém o antídoto para essa dúvida não é uma fé cega (que, como adiante se verá, é, por sinal, considerada também um dos obstáculos), mas a certeza da convicção baseada sobre uma experiência individual ou um raciocínio matemático. Enquanto uma criança duvidasse da certeza da tabuada, mal poderia tornar-se proficiente nas matemáticas superiores, mas as suas dúvidas só podem ser desvanecidas adquirindo ela a compreensão, baseada no raciocínio ou na experiência, de que o que a tabuada diz é verdade. Ela acredita que duas vezes dois são quatro, não simplesmente porque assim lhe foi dito, mas porque isso é para ela um fato evidente. Ora, é este o método, e o único método, de desvanecer a dúvida que o Ocultismo conhece.

Vichikichchhā tem sido definido como a dúvida a respeito das doutrinas do *Karma* e da Reencarnação, e da eficácia do método de obter o máximo de bem por este caminho de santidade; e a rejeição deste *Samyojana* é a obtenção da certeza absoluta, baseada quer sobre o conhecimento direto e individual, quer sobre a razão, de que os ensinamentos ocultos relativos a estes assuntos são verdadeiros.

O terceiro grilhão a abandonar abrange todas as espécies de crença irracional ou errônea, toda a dependência sobre a eficácia de ritos externos e de cerimônias para purificar o coração. Aquele que queira abandoná-lo deve aprender a depender de si próprio e não das formas externas de qualquer religião.

Os primeiros três grilhões estão em uma série coerente. A diferença entre a individualidade e a personalidade, uma vez inteiramente compreendida, é então possível, até certo ponto, apreciar o curso real da reencarnação, e, assim, desfazer todas as dúvidas a esse respeito. Uma vez feito isso, o conhecimento da permanência espiritual do verdadeiro Eu dá a confiança na força espiritual própria, e, assim, desfaz a superstição.

II. *Sakadāgāmin.* Do aluno que entrou para este segundo estágio se diz que é um *Sakadāgāmin* — "aquele que só volta uma vez" — e significa que um indivíduo que chegou a este nível não deve precisar senão de mais uma encarnação para atingir o grau de *Arhat.* Neste estágio não se quebram mais grilhões, mas o discípulo ocupa-se em reduzir a um mínimo aqueles que ainda o prendem. É, porém, em geral, um período de considerável avanço intelectual e "psíquico."

Se aquelas faculdades a que vulgarmente se chamam "psíquicas" não foram adquiriram ainda, é nesta altura que têm de ser desenvolvidas, visto que sem elas seria impossível assimilar os conhecimentos que vão agora ser dados, ou executar o trabalho superior, em favor da humanidade, em que o discípulo tem agora o privilégio de tomar parte. Deve ter a consciência astral em plena posse durante a sua vida física de vigília e, durante o sono, o mundo auxiliar estará patente aos seus olhos — porque a consciência de um indivíduo, quando fora do seu corpo físico, está sempre um estágio acima de onde está quando ainda presa na sua prisão da carne.

III. *Anāgāmin*. O *Anāgāmin* (aquele que não regressa) tem este nome porque, tendo chegado a este estágio, deve poder atingir o estágio seguinte na vida que está então vivendo. Desfruta, ao ir tratando da sua vida quotidiana, de todas as esplêndidas possibilidades de progresso dadas pela plena posse das preciosas faculdades do mundo celestial, e, quando à noite abandona o seu corpo físico, torna a entrar para a consciência espantosamente ampla que pertence a *Buddhi*. Neste estágio, ele acaba de se libertar de quaisquer restos dos dois laços de:

4. *Kāmarāga* — ligação ao prazer das sensações, tipificado pelo amor terreno, e

5. *Patigha* — toda possibilidade da cólera ou de ódio.

O aluno que quebrou estes grilhões já não pode ser dominado pela influência dos sentidos quer na direção do amor, quer na do ódio, e está livre de qualquer amor ou impaciência por todas as condições do Plano Físico.

Devemos, nesta altura, outra vez prevenir-nos contra um mal-entendido possível, e que é frequente encontrar. O amor humano mais puro e nobre nunca morre — nunca de modo algum diminui com a instrução oculta; pelo contrário é aumentado e ampliado até que abrange a todos com o mesmo fervor que a princípio era dado apenas a uma ou a duas pessoas. Mas o discípulo chega realmente a elevar-se por fim acima de todas as considerações relacionadas com a mera personalidade daqueles que o cercam, e assim fica livre de toda a injustiça e parcialidade que o amor vulgar tantas vezes acarreta.

Não se deve, nem por um momento, supor que, ao adquirir esta afeição por todos, ele perde o seu amor especial pelos seus íntimos amigos. O laço desusadamente perfeito entre Ananda e o Buda, como entre S. João e Jesus, serve para provar que, ao contrário, ele se intensifica extraordinariamente; e o laço que liga um Mestre aos seus discípulos é mais forte do que qualquer ligação terrena, porque a afeição que floresce no caminho da santidade é uma afeição entre Egos, e não apenas entre personalidades, por isso é forte e permanente, sem medo de diminuição ou oscilação, porque é aquele "perfeito amor que expulsa o receio."

IV. *Arhat* (o venerável, o perfeito.) Ao chegar a este nível o aspirante goza constantemente da consciência do Plano *Búddhico*, e pode empregar os seus poderes e faculdades sem sair do corpo físico; e quando abandona esse corpo, em sono ou transe, passa imediatamente para a glória inexprimível do Plano *Nirvânico*. Neste estágio deve o ocultista abandonar os últimos cinco grilhões restantes, que são:

6. *Rūparāga* — o desejo da beleza da forma ou da existência física em uma forma qualquer, mesmo a do mundo celestial.

7. *Arūparāga* — desejo de uma vida sem forma.

8. *Māno* — orgulho.

9. *Uddhachcha* — agitação ou irritabilidade.

10. *Avijjā* — ignorância.

Sobre isto temos a observar que o afastamento do *Rūparāga* implica não só o do desejo de uma vida terrena, por grande ou nobre que seja, e de uma vida astral ou *Devachânica*, por gloriosa que seja, mas também de toda a tendência a ser indevidamente influenciado ou repelido pela beleza ou fealdade externa de qualquer pessoa ou coisa.

Arūparāga — o desejo de vida nos mais altos e informes planos do mundo celestial ou no ainda superior Plano *Búddhico* — seria simplesmente uma forma superior e menos sensual do egoísmo, e tem de ser, portanto, abandonada, do mesmo modo que a inferior.

Uddhachcha significa realmente "a tendência para ser mentalmente perturbado", e um indivíduo que tivesse enfim descartado este grilhão, ficaria absolutamente calmo ante tudo o que lhe pudesse acontecer — inteiramente insensível a qualquer espécie de ataque à sua serena dignidade.

A rejeição da ignorância implica, é claro, a aquisição do perfeito conhecimento — a onisciência no que diz respeito à nossa cadeia planetária. Quando todos os grilhões se quebraram, o Eu progressivo atinge enfim o quinto estágio — o pleno estágio de Adepto — e torna-se.

V. *Asekha*, "aquele que já não tem que aprender", sempre, é claro, em referência à nossa cadeia planetária. É quase impossível para nós compreender o que isto significa. Todo o esplendor do Plano *Nirvânico* está aberto aos olhos de vigília do Adepto, e sempre que queira sair do seu corpo, tem o poder de ingressar em algo mais elevado — um plano que para nós não passa de um mero nome. Como explica o Prof. Rhys Davids: "Ele está agora liberto de todo o pecado; vê e avalia todas as coisas desta vida no seu verdadeiro valor; todo o mal estando já extirpado da sua mente, só sente desejos puros para si próprio, compaixão terna, consideração e elevado amor pelos outros."

Para mostrar quão pouco ele perdeu o sentimento do amor, lemos no *Metta Sutta* a respeito do estado de espírito de quem está neste nível: "Como a mãe que ama, mesmo com o risco de sua vida protege o filho único, assim sente Ele amor para com todas as coisas".

Que o amor e a bondade prevaleçam em todo o mundo, em cima, embaixo, em torno, sem mistura nem medida, sem que se lhe ligue qualquer sentimento de interesses que se entrechocam ou divergem. Quando um indivíduo permanece sempre e firmemente neste estado de espírito, quer ele esteja de pé ou sentado, passeando ou deitado, então se realizam aquelas palavras que estão escritas: "Mesmo nesta vida se encontrou a santidade."

22. O Que Está Além

Para além deste estágio é evidente que nada podemos saber das novas qualificações exigidas para os níveis ainda superiores que ainda estão adiante do Ser perfeito. É bastante claro, porém, que, quando um indivíduo se torna *Asekha*, esgotou todas as possibilidades de desenvolvimento moral, de modo que um progresso ulterior só pode significar para ele a aquisição de conhecimentos ainda mais vastos e de poderes espirituais ainda mais extraordinários. Dizem-nos que, quando o indivíduo assim atingiu a sua maioridade espiritual, quer no lento decurso da evolução, quer pelo caminho mais curto do desenvolvimento de si próprio, ele toma o mais pleno domínio dos seus próprios destinos, escolhendo a linha da sua futura evolução dentre sete possíveis caminhos que ele vê abrirem-se diante de si.

Está claro que, no nosso nível presente, não podemos compreender muito a respeito destes, e o vago esboço de alguns deles, que é quanto nos pode ser dito, explica muito pouco ao nosso espírito, exceto que a maioria deles leva o Adepto inteiramente para fora da nossa cadeia terrestre, que já não tem âmbito suficiente para a sua evolução.

Um caminho é aquele dos que, como diz a frase técnica, "aceitam o *Nirvāna*." Durante quantos incalculáveis milênios eles permanecem nessa sublime condição, para qual trabalho eles estão se preparando, qual será a sua futura linha evolutiva, essas são questões sobre as quais nada sabemos; e, na verdade, se alguma informação nesse sentido nos pudesse ser dada, o mais certo é que resultaria de todo incompreensível para nós no nosso estágio atual.

Mas podemos compreender ao menos isto — que o sublime estado do *Nirvāna* não é como alguns ignorantemente supõem, uma condição de absoluto nada, mas ao contrário, um estado de atividade imensamente mais intensa e benéfica; e que, à medida que o homem vai ascendendo na escala da Natureza, maiores vão sendo as suas possibilidades, cada vez mais vasto e grandioso o seu trabalho em favor dos outros, e que a sabedoria infinita e o infinito poder significam para ele apenas a infinita capacidade para se dedicar, porque são dirigidos pelo amor infinito.

Uma outra classe escolhe uma evolução espiritual já não tão afastada da humanidade, porque, conquanto não se ligue diretamente à cadeia seguinte do nosso Sistema, prolonga-se por dois períodos correspondentes à sua primeira e segunda rondas, ao fim das quais parece que também "aceitam o *Nirvāna* ", ainda que em nível superior àqueles anteriormente mencionados.

Outros seguem a evolução dos *devas*, cujo progresso está numa grande corrente consistindo de sete cadeias como as nossas, cada uma das quais é para eles um mundo. Desta linha evolutiva diz-se que é a mais graduada, e por isso a menos difícil das sete; mas conquanto às vezes os livros lhe chamem "o sucumbir à tentação de tornar-se um deus", é apenas em comparação com a sublime altura da renúncia do *Nirmanakaya*, que aquela se pode descrever desta maneira quase depreciadora, porque o Adepto, que escolhe este caminho, tem deveras diante de si uma carreira gloriosa, e, ainda que a senda que escolhe não seja das mais curtas, é porém das mais nobres.

Um outro grupo é formado pelos *Nirmanakayas* — aqueles que, pondo de parte todos estes métodos mais fáceis, escolhem o caminho mais breve, porém mais íngreme, para as alturas que ainda ante eles se erguem. Eles formam aquilo que poeticamente se chama o Muro da Guarda, e, como nos informa *A Voz do Silêncio*[23], "protegem o mundo de mais e maior tristeza e sofrimento", não, na verdade, guardando-o de más influências externas, mas dedicando toda a sua vontade ao trabalho de sobre ele derramar uma torrente de força e de auxílios espirituais, sem os quais ele por certo estaria em muito piores circunstâncias do que hoje está.

---

[23] BLAVATKSY, H.P. *A Voz do Silêncio*, Brasília: Editora Teosófica, 4ª ed., 2020. (N.E.).

Há aqueles que ficam ainda mais diretamente em relação com a humanidade, e continuam entre ela a encarnar, escolhendo o caminho que conduz através dos quatro estágios daquilo a que acima chamamos o período oficial; entre estes estão os Mestres da Sabedoria — aqueles de quem nós, que estudamos a Teosofia, aprendemos os fragmentos que sabemos da estupenda harmonia da Natureza em evolução. Mas parece que apenas um número relativamente pequeno adota esta linha — provavelmente apenas tantos quantos são precisos para realizar e continuar esta parte física da obra.

Ao ouvir falar destas diferentes possibilidades, há quem sem pensar exclame que não podia, é claro, haver no espírito de um Mestre outro pensamento que não fosse o de escolher aquele caminho que os leva a mais poder auxiliar a humanidade — observação que um conhecimento maior evitaria que fizessem. Nunca devemos esquecer que há outras evoluções no Sistema Solar além da nossa, e é sem dúvida necessário à realização do vasto plano do *Logos* que haja Adeptos trabalhando em todas as sete linhas a que nos temos referido. Seguramente que a escolha do Mestre será para onde o seu trabalho seja mais preciso — para colocar os seus serviços, com absoluto altruísmo, à disposição dos Poderes encarregados desta parte do grande esquema evolutivo.

É este, pois, o caminho que se abre diante de nós, o caminho que cada um de nós deveria principiar a trilhar. Por estupendas que pareçam as suas alturas, devemos lembrar-nos que elas são atingidas só gradualmente e passo a passo, e que aqueles que ora estão nos píncaros já se debateram na lama dos vales, como nós nos debatemos agora. Ainda que este caminho pareça a princípio difícil e trabalhoso, à medida que ascendemos, os nossos passos tornam-se mais firmes e a nossa visão mais vasta, e assim nos encontramos em melhores condições para poder auxiliar aqueles que ascendem ao nosso lado.

Porque é assim árduo e trabalhoso para a personalidade inferior, deu-se às vezes a este caminho o nome, aliás muito impróprio, de "a senda da amargura"; mas, como muito bem disse a Dra. Besant, através de todo esse sofrimento há uma alegria íntima e permanente, porque o sofrimento é da natureza inferior, e a alegria da superior. Quando o último vestígio da personalidade desapareceu, desapareceu tudo quanto em nós pode assim sofrer, e no Adepto aperfeiçoado há uma paz ininterrupta e uma alegria perpétua. Ele viu o fim para que tudo tende, e congratula-se com esse fim, sabendo que a tristeza da Terra não é senão uma fase passageira da evolução humana.

"Aquilo de que pouco se tem falado é o profundo contentamento que nasce de estarmos sobre o caminho, de compreender a meta e a estrada para ela, de saber que o poder de ser útil aumenta em nós, e que a nossa natureza inferior está sendo pouco a pouco extirpada. E pouco se tem dito, também, dos raios de alegria que caem sobre o caminho desde os níveis superiores, os vislumbres estonteantes da glória ainda não revelada, a serenidade que as tempestades da Terra não podem perturbar. Para alguém que entrou para o caminho, todas as outras estradas perderam o seu atrativo, e as suas tristezas dão-lhe um prazer maior que as melhores alegrias do mundo inferior." (*Vāhan*, vol. 5, n.º 12).

Que ninguém se desespere, portanto, por julgar a tarefa grande demais para si; o que o homem fez o homem pode fazer, e na exata proporção em que dermos o nosso auxílio àqueles a quem podemos ajudar, do mesmo modo, ele nos será dado por aqueles que já a completaram. Assim, desde o ínfimo ao mais alto, nós, que estamos trilhando o Caminho, estamos ligados uns aos outros por uma longa cadeia de serviço mútuo, e ninguém precisa se sentir só ou abandonado, porque, conquanto por vezes os primeiros lances da escadaria estejam envoltos em névoa, sabemos que conduz a regiões mais felizes e a ares mais puros, onde a luz brilha eternamente.

EDITORA TEOSÓFICA
LIVROS PARA VIVER MELHOR!

Em **Os Chakras**, publicado originalmente em 1927, o autor apresenta o resultado de suas investigações sobre estes centros de força, que são portais para outras dimensões, e se localizam no Corpo Vital ou Duplo Etérico do ser humano, também chamado na Filosofia Vedanta de *Prãnamayakosha*.

O Livro apresenta ainda elucidativas ilustrações coloridas de cada um dos *chakras* ou centros de força, suas pétalas, suas cores, aproximadamente como aparecem em sua configuração etérica. Os *chakras* são também representados alegoricamente pelos desenhos simbólicos ou *yantras*, usados pelos hindus em meditações com seus respectivos *mantras*. O leitor é convidado a conferir os grandes méritos desta clássica publicação.

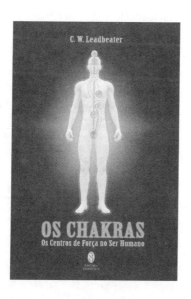

Fone:61 3344.3101